斯坦福大学写作课

ON TEACHING AND WRITING FICTION

[美] 华莱士·斯泰格那 Wallace Stegner 著

杨轲 译

中原出版传媒集团
中原传媒股份公司

大象出版社
·郑州·

目 录

前　言

　　让我们设想：今天，一个学生来到斯坦福的写作研讨班。华莱士·斯泰格那（Wallace Stegner）依然在世，他还在指导这个课程，我们的学生——一个求学心切的堪萨斯小伙子（他的父母为他此行投入不菲）——决定在课前先做一做自己未来导师的背景研究。万一这个家伙是个后现代主义的骗子，靠从《故事会》里挤出的生活片段随意解构扭曲艺术怎么办？或者万一他总写一些不知所云的论文，钻诸如"新兴的小说模式""比较语言学程式设计与现代文本"此类的学术牛角尖呢？这些对我们这个堪萨斯的年轻人没有任何助益，他只想创作优秀的小说。

　　在图书馆检索系统里，他浏览着屏幕上一页又一页有关斯泰格那的条目，超过三十五本书、六十多篇短篇小说、数百篇论文和文稿，编辑过、作序推荐过、批评审阅过的书籍不胜枚举——我们热切的学生感觉自己像弹球一样，在小说、历史、传记和社会学，甚至宗教学中间来回穿梭。

他意识到，华莱士·斯泰格那就是一个"一站式卖场"，仅仅靠阅读华莱士·斯泰格那，这个堪萨斯人也许就能够接近教育曾矢志追求的目标——做一个文艺复兴人。

"小说作者应当是一个对所有知识都有所涉猎的人。"斯泰格那在一篇文章中写道。他是一个"文化的公民"。尽管斯泰格那深深地浸淫在很多领域，在学术上，尤其在对西方历史及其保护的研究上，彰显了卓越的品质和原创性；尽管他涉猎广泛，但小说依然是斯泰格那的长子，也是他最宠爱的孩子。比起显明的事实，被揭开或发现的真相总是更令人激赏，因为就像他说的，现实"期望被升华为虚构"。在斯泰格那一生写就的成百上千篇文字中，从初稿，到第十五稿，到终稿（因为首先，他是修改校订的信徒），只有不到两百页谈的是小说的艺术。而直接讲到创意写作这门可以传授的技艺的文字就更少了。

在艺术家中，像他这样沉默的人并不鲜见。也许这不难解释，创作中的艺术家很少有闲暇、有意愿去讲授技巧，甚至他们未必拥有解释技巧和构思的能力。想想看，三十多岁完全失聪的贝多芬该怎么向人描述他第一次听到自己后来创作的《庄严弥撒曲》(Missa Solemnis) 的经历呢？对有些人来说，创作的秘密深深地埋藏在作品四周寂静的壕沟后面，无法描述其维度与特征是对它的保护；对其他人来说，谈论它会招致实际的危险，引来摧毁纸片屋的飓风。退一万步说，似乎这也是种冒犯，就像异教徒笨拙地穿过别人礼拜的场所。对于作者这个小群体来说，作者的生活与书中主题之间敏感的私密联系会让他们更不情愿开口，任何类似的查问都会让他们感觉像是在校园舞台冰冷的灯光下脱去衣服。

不过，华莱士·斯泰格那无法选择的是，他是个老师——这是谋生所需（多数作家需要一份工作），也是天赋。有种说法，保有好奇心的人天生会通过自我教育来教育别人。也许这是一种信念，因为他决心致力于从事完善的事业，大到完善我们的物种和我们的社会，小到完善我们私密的自我，增删我们的故事，校订我们的稿子。"任何艺术作品都是一个完整的人的产物"，他曾经说过，优秀的小说是"戏剧化的信仰"。为了这个目的，斯泰格那和他的工作一同进化、完善，孕育下一步的计划。"我们写下的东西，"他在《〈进城去〉——一个实例》（"Going to Town"——An Object Lesson）中说道，"像我们的生活一样琐碎，也像我们的生活一样严肃。"很多作家在他们的处女作（或早期作品）里早早地亮出了创造力的底牌，而在其后的整个职业生涯中，都面临着巨大的瓶颈，直到十几年后，才精疲力竭地接续上最初的成功。斯泰格那则跟他们不同，他的作品一步一个脚印，一部比一部成熟，随着时间的推移，依靠集聚的力量和持续的付出，他最终构筑了一个文学大都市。

西里尔·弗农·康诺利（Cyril Vernon Connolly）[1]《不平静的坟墓》（The Unquiet Grave）[2]那个著名的开头常常被引用："作家真正的职责是创作一部杰作。"诚然，这句话掷地有声，而且，它无疑在号召作家瞄准更加高远的目标。但斯泰格那的版本或许是这样的：**作家应当致力于成为使杰作成为可能的那类人**。这是一个细微的，却并非无足轻重的改动。他的意思不是说一个人必须精心滋养（溺爱）自己的才能，或者严格地保持（自私地坚持）自己的工作时间；他的意思也许是，一个人必须认识到自己作为一个世界公民、一个男人或一个女人的责任，让所有一切，包括艺术，从这里出发。斯泰格那坚定地尝试成为这样的人，不仅独善其身，也努力引导别人。这种态度在他最贴近内

---

① 英国文学评论家和作家。——译者注（以下注释如无特殊说明均为译者注）

②《不平静的坟墓》是西里尔·康诺利 1944 年用笔名帕利努鲁（Palinurus）创作的一部文学作品。文体包括格言、引言、怀旧沉思和精神探索。引文的原话是："我们读的书越多，就越早认识到作家真正的职责是创作一部杰作，其他任何工作都不重要。"

心的主题里——这些关于写作的文章和访谈中体现得最为明显，也最容易传达给读者。

华莱士·斯泰格那在犹他州开始他的教学生涯，后来又辗转到威斯康星大学、哈佛大学和斯坦福大学，1945年，他在斯坦福大学创立了"斯坦福写作课程"，到1971年他提前引退之前，一直在指导该课程。这个课程效仿他在爱荷华州（美国）求学时接触的写作课——这是那时这个国家唯一一个研究生写作课程，也从他在哈佛面包圈作家会议（Bread Loaf Writers' Conference）[1]的教学中汲取灵感。一直以来，这个课程都建立在工作坊的模式上，斯泰格那说，他只是"提供一个环境"。其理念在于创造"一种纯然自由探究的气氛"。他对理查德·艾图莱恩（Richard Etulain）[2]说，写作的教学，"是一种非常柏拉图式的教学，你应该远离人们的路，而不是涉足其中"。他相信，作为一个拥有小说家和老师双重身份的人，应当具备济慈（Keats）所说的消极能力（negative capability）[3]，必须尽量

———————

[1] 面包圈作家会议成立于1926年，被《纽约客》称为"美国最古老、最负盛名的作家会议"。该会议因举行地——佛蒙特州面包圈山下的面包圈旅馆而得名。

[2] 美国历史学家，主要研究领域为美国西部历史。

[3] 用济慈的原话说，这种能力使人"能够安然置身于飘忽不定、神秘和疑惑之中，而不是马不停蹄地去寻找事实和原因"。

剔除自我、品位、个人观点和偏见，即便小说中的人物或者工作坊中学生的世界图景跟他眼中的南辕北辙。他的作用，是帮助学生们成为独一无二的进化中的个体，自发地意识到作品中的文学潜能，而不是让他们转向老师的风格和主题，或把他们置于老师的期许之下。引导，而非影响，是斯泰格那的格言。

"我们不是严格意义上的老师，他们也不是严格意义上的学生。"斯泰格那在《二十年斯坦福短篇故事集》（*Twenty Years of Stanford Short Stories*）的导言中写道。过去的学生对他有各种各样的描述：不端架子、平易近人、专业、注重实际、含蓄、慈爱、礼貌、严格、有同情心、谦恭、明智、严守道德底线。戏剧家爱德华·阿尔比（Edward Albey）称他是"在世的美国人中唯一一个配得上诺贝尔文学奖的人"。在被问及自己在斯泰格那的写作工作坊中的经历时，肯·克西（Ken Kesey）[①]回答说："那种感觉就像在文斯·隆巴迪（Vince Lombardi）[②]的手底下打球。"

---

① 美国著名小说家，曾自愿参加政府在一所医院的毒品实验项目，1963 年根据这一体验出版了小说《飞越疯人院》（*One Flew over the Cuckoo's Nest*）。

② 美国职业橄榄球大联盟（NFL）最成功、最受尊重的教练之一。曾带领垫底球队五夺 NFL 冠军，两夺"超级碗"冠军。执教风格严厉，被认为"依靠高压和独裁的方法赢得冠军"。

这句赞美的话从克西嘴里说出来，可能有点五味杂陈的感觉——他们之间有过一段民事争议——但是有一点是明确的：克西显然把斯泰格那视作一个偶像，没有什么能反驳这一点。20世纪40年代，华莱士·斯泰格那跟屈指可数的几个同道者一起开创了创意写作课，并使其成为学院的一个主修专业，从那以后，模仿性的类似课程如雨后春笋一般从这个国家的各个角落冒出来。

一些细微的方向上的调整起到了举足轻重的作用，它们深远地改变了整个图景：斯泰格那鼓励他的学生去写作，而不是让他们自命为"作家"，也许正因为此，在面对工作时，他们能够保持谦卑，把重心放在动词"写"上，而不是放在经营名声或头衔上。对一个作者来说，没有什么比臆测自己已然"登堂入室"更致命的了。斯泰格那自己曾经说过："才华像大马哈鱼卵一样俯拾皆是，出于同样的原因，能够存活下来而且发育成熟的则少之又少。"难怪理查德·艾图莱恩问他"想要创作出出类拔萃的小说，作家应该怎么做"的时候，斯泰格那回答道："写几本好书。"

斯泰格那的很多学生都在践行这一点——写好书：欧内斯特·盖恩斯（Ernest Gaines）、爱德华·阿尔比、哈丽特·多尔（Harriet Doerr）、罗伯特·斯通（Robert Stone）、蒂丽·奥尔森（Tillie Olsen）、斯科特·莫马戴（Scott Momaday）、雷蒙德·卡佛（Raymond Carver）、朱迪丝·拉斯科（Judith Rascoe）、温德尔·拜瑞（Wendell Berry）、麦克斯·爱普尔（Max Apple）、夏洛特·佩因特（Charlotte Painter）、尤金·伯迪克（Eugene Burdick）、斯科特·图罗（Scott Turow）、托马斯·麦戈恩（Thomas McGuane）、帕特·泽尔福（Pat Zelver）、埃文·康乃尔（Evan Connell）、拉里·麦克默特里（Larry McMurtry）、吉姆·休斯敦（Jim Houston）、肯·克西、艾德·麦克拉纳汉（Ed McClanahan）、皮特·比格尔（Peter Beagle）、阿尔·扬（Al Young）……"对他们的成就，我不能掠美。"斯泰格那对艾图莱恩说。当然，从官面儿上说，他的确不该这么做。不过，适当地换个角度，考虑到他不愿掠取他学生工作中与自己不相关的成功，考虑到这其中每一个作家的天赋、努力和辛劳，就凭他树立的这个最高的榜样，华莱士·斯泰格那也理应享有他的那份功劳。

这些文章和访谈的结集——有的出版过，有的新近才被发现——对任何人都有巨大的功用，只要他准备响应这个宏伟的召唤：如实地描写人类的境况，或者帮助他人做到这一点。它诚挚地邀请每一个自认能为我们的文化和物种的进化尽自己绵薄之力的人加入其中，因为它追问我们，在一个需要体面、责任、清醒的公民的世界里，如何体面地、负责任地、有意识地去生活？就像斯泰格那常常转述的亨利·亚当斯（Henry Adams）的话："如果自然的法则是混乱，那么秩序一定是人类的理想，而最高级的秩序是艺术。"

要成为一个使作品成为杰作的人，最终，成为一个大师。好，听听安塞尔·亚当斯（Ansel Adams）在同莫滕森先生（Mr Mortensen）的论战中是如何捍卫纯粹摄影（Pure Photography）的，或者温顿·马萨利斯（Wynton Marsalis）是如何向孩子们谈论爵士乐的——他纵横捭阖，牵出包罗万象的联系，似乎谈的不只是音乐，还有禅、里尔克（Rilke）[①]和崇高之石。再或者听听杰克·尼克劳斯（Jack Nicklaus）谈论挥高尔夫球杆时脚部的动作；听听凡·高（Van Gogh）断言一片草叶的重要性高过俾斯麦（Bismarck）的政治表演；听听某个40年代的无名哲学家说，最精密的反重力机器就是他脚下的这片地面；或者倾听华莱士·斯泰格那讲述小说的写作。这些人彼此不同，却又殊途同归。他们每个人都身居各自专业的中心，倾听

---

① 奥地利诗人，代表作有《杜伊诺哀歌》、日记体小说《马尔特手记》等。

这些大师的话，就是倾听那些闲居在人类风暴之眼的极度纯粹而奇异的平静心灵。

琳恩·斯泰格那

写于佛蒙特州格林斯博罗

2001 年 9 月

第一章　小说：生活的透镜

　　一份畅销杂志的编辑曾经很骄傲地告诉我，整个大萧条时期，他没有发表过一篇跟大萧条有关的故事，没有失业，没有廉价旅馆，没有等待救济的队伍，没有绝望。与之有关的非虚构作品有几十篇，但故事或连载一篇也没有。小说是提供消遣的，不是带来启示的。小说是苯巴比妥（镇静安眠剂），不是安非他命（一种兴奋剂）。即便是对小说有不同看法的"高品质"杂志，也不能说完全摆脱了这种逃避的想法。我知道这样一本杂志，它是美国最优秀的出版物之一，却拒绝了一个所有编辑都感兴趣的故事，仅仅因为它讲述的是一个因癌症濒临死亡的女人。杂志的读者有不少上年纪的女人，而小说不应该触碰她们的恐惧。

　　不管赞同与否，那种被称作谎言的小说不在我们当前的讨论之列。我关心的是真实的小说，是反映经验而非逃离经验的小说，是激发而非麻醉的小说。所谓的严肃小说，是由不同类型的作者为不同的读者写就的。它在意图、材料、手法和其最终的效果上都有所不同。如果它提供愉悦——它理应这样——提供的是更高层次的智识和情感维度上的愉悦；如果它经营伪装——它也理应这样——会创造一个以假乱真的世界来讽喻现实。严肃小说未必伟大，甚至未必具有文学性，因为实践者的天赋也许不如他们的初衷值得信赖。然而，所有平庸或杰出的文学作品，都是在这样的精神下写就的。

严肃小说的作者与消遣小说的作者之间的区别，是艺术家与工匠的区别。前者具备原创设计的才能与特权，后者则不具备。按照蓝图着手工作的人是绝对值得尊敬的，然而跟绘制蓝图的人比起来，他就只能退居次席了。

我不喜欢"艺术家"这个词。它被狂想家扭曲了意义，被虚有其表的人滥用，被徒有天赋之才却不懂谦卑的人玷污。它大写的字母里，彰显着令人厌恶的傲慢，有的艺术实践者用傲慢来报复公众对自己的忽视，有的则用它掩盖个人的弱点。我在这儿用这个词，只是因为找不到别的词来指代那些严肃的词语、声音或者色彩的"制造者"了。

在一篇短小精悍的文章《书》（*Books*）里，约瑟夫·康拉德（Joseph Conrad）曾经勾勒过严肃的艺术家应当具备的品质。他说：

> 有些小说家会觉得，相比其他人，自己是更高等级的存在。如果这么想，他们就失去了自己最基本的出发点。驾驭词语的才华，没有那么了不起。装备着长射程武器的人，不会因为手握火器就配得上猎手或勇士的名号。是许多其他的品质或气质共同塑造了他，使他有别于他人。他的武器库里纵然有成千上万个短语，其中能够击中那遥远而缥缈的艺术标靶的，也许寥寥可数。在与人们相处时，他应当敏感地去感受他人不彰不显的优点，而不应当对他人的细微过失吹毛求疵，对他人的错误求全责备。当然，他也不必对人性抱有太高的期许，人各有不同，他有描绘他们的荒唐或糟糕的自由。我希望他能以最大的宽容看待人们的想法和偏见，因为那绝非出于恶意，而是源自他们的教育水平、社会地位，甚至他们的职业……我希望他在心智成长的同时，能够通过耐心而慈爱的观察扩展他的同情。如果说世上存在着完美艺术的许诺，那么，只有在尝试公正地生活时，才有可能找到它，而在那些荒谬的公式中，在规定了这样那样的技术概念

的特定方法里，不可能找得到它。让他在实实在在的事物中完善他想象的力量吧……

严肃艺术家的工作，是在没有特定秩序的地方带来秩序。他用一生的经验做材料，不论是实际的经验还是间接的经验，它越宽广，越深刻，就越有用。不管是长痛还是短痛，它对他伤害得越深，就越有帮助。它越让他沉迷忘我，就越有效。不过，在用自己的经验推测所有人类的经验时，总是会无章可循，矛盾重重，尤其在我们的时代，更是常常一团乱麻。他用想法、画面和人物等塑造出它的形状。在世界的茫茫沼泽里，他踏出一块立锥之地，或者换个说法，在这片令人无所适从的旷野中，他用手圈定了界限。他追求的是最清晰的视像，这或许需要他眯着眼，甚至弯下腰，从叉开的两腿间俯视。无论他怎么做——用什么方法是他自己的事——即使面对最微不足道的短故事，他也可以尝试用各种虚构细节来"创造一个世界"。引号中的话是康拉德说的，但这项工作对任何一个严肃作家来说都是永不停息而且历久弥新的。因此，每一个作品都不是套用公式的产物，写作不是连接与装配的手艺，也不是靠灵机一动，而是对作家全面的理解力的考验，是作家自身的整体感觉和认知的反映。

　　小说写作是为了反映或启示生活，因此，其材料必须来自生活。这些材料包含人、地点和事物——尤其是人。如果没有人，小说就不能称为小说，因此，在某种程度上，任何小说家都有义务成为笔下人物的爱人，尽管他也许会像摩门教传教士一样，爱一部分人远多于其他人。不可避免地，他的故事和小说中的人会是他自己了解的人，当然也包含一些变形。于是，每部小说开篇那煞有介事地宣称"如有雷同，纯属巧合"的脆弱声明，无一例外是种欺骗。除了自己了解、撷取素材，作者没有其他创造人物的方法。如果人物跟任何一个在世或过世的真实的人没有一点相似性，这个人物会非常没有说服力。作者能做的唯一一件事，是重组片段，略过某些人格，强调某些人格。把两三个人的特点赋予到一个虚构人物身上，然后祈祷人物原型不会起诉自己。

　　小说作者是具象事物无可救药的爱好者。他必须从这些素材中进行虚构：心口上窝着的愤怒、空空荡荡的深夜街道、风吹过杨树叶的声音。在一篇给一部"二战"时期的意大利小说写的颇有争议性的前言里，欧内斯特·海明威（Ernest Hemingway）把笔触伸向了众多具体的事物：

　　　　一个作家发现雨（他指的是现实中的雨）是这些

东西做的：知识、经验、葡萄酒、面包、油、盐、醋、床、清晨、夜晚、白昼、大海、男人、女人、狗、心爱的汽车、自行车、山丘与谷地、在笔直和弯曲的轨道上出现和消失的火车……敲打椴树的公松鸡、甜甜的青草香、新鲜烟熏皮革的味道和西西里岛。

一个严肃的作者是生活中感官细节的贩卖者，是事物的感知者和处理者。他最珍贵的工具是他的感觉和记忆，最先在他头脑中形成的是形象。他不是普通的或理想的归纳者，不是处理概念的人，尽管有些作者尝试用理性的方式对小说做理论性的研究，认为这样能让小说收获更多的尊敬。

毋庸置疑，思想在小说中有它的地位，任何一个小说作者都需要头脑。不过，思想却不是最适宜于小说的主题。它缺乏足够的戏剧性。它充其量是个副产品，是随着故事的展开，在读者自己的脑中形成的。思想和一般化的归纳，应当如草蛇灰线一般，在人物、地点和动作的选择编排中暗示出来。它们应当萦绕在小说的片段中，像黑夜中的鬼魂，轻盈地掠过阁楼的窗。

任何优秀的严肃小说都从现实中拾取素材，其片段应当栩栩如生，合乎事实与日常的观察。这些片段重新组合的方式、整个结构以及情节的轮廓都有意义。如果小说足够出色，它的意义会伸展，建筑物会投下比其本身更颀长的影子，特殊的细节会变得典型、有象征性，无限地适用于不同的人、不同的情境。因此，作者创作的不是一个单一的无生命的东西。它会扩张、伸展，潜入读者的脑海中，变成他思维的一部分。正是这种使意义普遍化的能力，给了严肃小说启发和解放的功能。不过，没有小说被要求必须直截了当地阐明自己的内涵，在阐述观念的时候，任何比鬼魂更笨拙的表现形式都应该被揪出队伍，接受体检。

相对来说，作者使用何种方法来传达意义，是无足轻重的，当然，对于他自己另当别论。现实中，不同的作者总是沿着不同的路径，在不同的地方找到自己的立足点。格特鲁德·斯泰因（Gertrude Stein）说，每一代人都有自己发声的方式。海明威说，没有一部经典会与它之前的经典有丝毫相似之处。V. S. 普里切特（V. S. Pritchett）说，重要作者的标签并不来自他采用了什么新的素材，而是来自新的洞察力。

为了更好地看清一切，对于作者来说，将个体经验做一些扭曲常常是必要的。就像早先提到的，他可以上下打量、蹲下、戴上眼镜，或者随便用什么方法，只要能使他把自己世界中哪怕一个小角落看得更清晰，就足够了。这里只举弗兰兹·卡夫卡（Franz Kafka）的例子，他笔下充斥着噩梦的世界就是一种新的洞察。小说用庄严肃穆的有逻辑的表达，牵引出一个个新的讽刺和新的幽默，在它的奇异外表之下，卡夫卡的小说映照着真实的人物和真实的行政机构，它远比许多具象主义的小说作品更有说服力。

　　无论采用什么方法，简化是必不可少的。依照颠扑不破的自然规律，所有的艺术都是简化。海明威学着"从最朴素的东西开始"，把丰富的词汇一一剥去，只剩下光秃秃的盎格鲁-撒克逊语，把句子简化成简单的陈述，删掉所有复杂的拉丁文法，甚至尝试剔除隐喻这种惯常的"小伎俩"，简化他的人物，简化他的主题，甚至把他最喜欢的死亡主题渐次砍削，直到剩下最简单最暴力的内核，于是呈现出一种形式，一种极端的艺术化的简化。海明威小说中的世界也许不是我们喜欢的世界，但毋庸置疑，它自成一体。尽管手段不同，康拉德的世界同样是简化的。它像一艘船，甲板是土地，船员是所有人类，道德的宇宙笼罩着他笔下人物的行为，它飘浮于上空，像海上的星星一样切近又邈远。甚至亨利·詹姆斯（Henry James）也一样，表面上，他是最复杂、最琐碎、最细致、语言最繁复的小说家之一，然而实际上，他也是以简化开始的。他所有故事中的决定性时刻都来自人物的道德选择，为了给这些选择扫清道路，一开始，他就刨除了某些作家用以建构小说的大部分地基。詹姆斯的人物无须为生计发愁，每个人都从詹姆斯那里轻易地继承了财产。没有一个詹姆斯的人物会像大部分人那样，被家庭责任所束缚，或者被生活的罗网拴住手脚。在詹姆斯建造的世界里，他有意让所有人物说走就走，完全脱离俗世的羁绊，以使他们的道德选择能够"纯粹"而不受干扰。尽管现实的选择是复杂的、犹疑不决的，充满微妙的踌躇和克制，有妥协和细小的顾虑，然而，简单化处理同样直击人心。

作者选择的任何简化处理都是正当的，能够评判它的只有实际效果，即它最终成功与否。每个作家都是摸象的盲人，再伟大的作家也会受制于自己的认知。虚构的世界会反映作者个人的特殊理解。契诃夫（Chekhov）的世界是合理的，有着一目了然的特点：忧伤的人们走在灰暗、泥泞的路上，或者乘渡船被流放在铅灰色的西伯利亚河流上，再或者用短暂的苦笑调侃一下惆怅而失意的日子。汤姆·利（Tom Lea）在《斗牛壮士》（*The Brave Bulls*）中塑造的世界也一样，他把人类与恐怖的对垒放置在斗牛这一仪式化的奇观中展现。在《遮蔽的天空》（*The Sheltering Sky*）里，保罗·鲍尔斯（Paul Bowles）[①] 用专横的暴力实现

---

① 美国小说家、作曲家、旅行家、编剧、演员，出生于纽约皇后区。作品有《遮蔽的天空》等。

了本质上的简化，把一对老于世故的纽约人抛在了原始的撒哈拉沙漠。这就像把文化的样品涂抹在试片上，放在显微镜下观看。

当然，没有作者能够看到或知晓一切，或者把所有生活都放进自己的小说里。作者的才能取决于他能在多大程度上描写他想描写的一切，同时又不至于模糊框架的棱角。正是这个框架、这些限制，为读者提供了有限的视角，让他们得以在聚光灯下和焦点中审视一切。

阅读像上述这样构思和创作的小说，肯定会丰富认知。然而有一个丰富读者认知的元素常常被忽视，我试着称其为"不期而遇"（intense acquaintance）。在真实或虚构的世界中徘徊时，我们寻找的也许是我们自己，然而这样的相遇是不可能的，于是我们退而求其次：找寻一种完全私人的联系，让我们从他人的身上看到自己。如果有必要的话，我会冒天下之大不韪，站在 C. S. 刘易斯（C. S. Lewis）口中的"个人异端"（personal heresy）这边，尽管毫无疑问，不会有像刘易斯先生这样的逸事爱好者寻章摘句，发现我说了上面这句话。弥尔顿是否虐待他的女儿，或者康拉德是否喜欢在餐桌上把面包屑弹得到处都是，完全无关紧要。重要的是艺术家自身，是他提炼和净化之后的精神、他对世界的总体理解。这个层次的了解在生活中可遇而不可求，但是，被一本书深刻而剧烈地打动，是一种最私密的体验，也许比结婚更私人化，这种关系比五十年的朋友关系更坦诚。在小说里，我们能建立比现实中更亲密的联系，我们知晓比朋友身上更多的秘密，我们知道这个作者跟我们相似，我们知道他如何看待自己，如何面对自己的生活，我们知道这个同样在纷繁复杂的世界中徘徊流浪的人，如何努力地生存，兴许还活得平静安详。

我深信，这就是我们阅读的最终目的。不像某些评论家所声称的那样，艺术并不是珍宝，而是一个透镜。透过它，我们寻找纯净和诚实的艺术家的精神。那个掠过虚构窗口的意义的鬼魂，戴着他的面具。阅读对我们一生的回报，是与那些或温和或有力或反叛或包容的灵魂相遇，让我们得以邂逅相互混杂、丰富多彩，却又永远高山景行的人类。

第二章　创意写作

"创意写作"这个词冒犯了不少人，他们觉得这个词矫情、做作。实际上，这个词是无辜的，它从美国的学校和大学里发展起来，用来指称那些不是面对初学者写作或工程师报告写作的写作课程。"创意写作"课程能够成长，部分原因是普通的写作课程堕入了"正确性"、文雅性和"手册与练习"方法的泥淖，必须找到某种新的方式，把学生解放出来，发展他们对语言天然的兴趣和快乐。当然，这是题外话了。在这儿我们需要的只是定义。

创意写作指的是富有想象力的写作、艺术的写作，也就是法国人说的纯文学写作。它与传达信息无关，也无关乎更司空见惯的交流的形式，尽管它也会采用许多相同的技巧。一部小说可能包含大量社会学、政治学或心理学方

面的信息，学者可能会研究它们，就像弗洛伊德为了记录
梦境和情感阶段的各种原型而研究文学一样，但是任何一
部真正的小说都不会以传达信息为指归。就像所有其他创
作一样，创意写作的目的是给读者带来美学的愉悦体验，
为他提供行动、思想和感官方面富于想象力的再现、反映
或模仿。它尝试在我们日日夜夜的挣扎之中，在爱、恨、
暴力、乏味、习以为常和残酷无情的事实的旋涡中，揭示
出形式与意义。

当有人问及小说家约翰·契弗（John Cheever）他为
何写作的时候，他并没有说"为了展现康涅狄格州中产阶
级上层人士的生活"。他说的是"为了试着搞清楚我自己
的生活"。不管采用什么形式，是诗歌、短篇故事、小说、
戏剧、个人论文，还是传记和历史，创意写作肯定包含着
某种对意义的追寻，包含着某些惊异与发现的元素，它让
人感同身受。它不是给写广告标题的人准备的，它的目标
受众不是写教科书或科技论文的人，也不是为乡村报纸报
道治安法庭新闻的人。诚然，这些人的手艺值得尊敬，但
是他们跟随的是另一颗恒星，在另一条法律下生活，他们
的读者期待从他们的笔下获得信息，而不是收获欣喜或
启示。

上述两者之间的区别部分地根植于创意作者使用语言

的方式 —— 它的色彩、它的暗示性、唤起感官的力量，以及它向外延展的意义，但不止于此，还有比语言更深层次的区别。"驾驭词语的才华，"约瑟夫·康拉德曾经写道，"没有那么了不起。装备着长射程武器的人，不会因为手握火器就配得上猎手或勇士的名号。是许多其他的品质或气质共同塑造了他，使他有别于他人。"罗伯特·弗罗斯特（Robert Frost）在类似的口吻下评论道，"所有那些词语能做的事，都很容易讲出来"，而诗歌则"只不过是另一种有话要说的艺术"。

任何一个有志从事文学艺术的学生，都有些东西不吐不快，按捺不住，也许在通往见习的路途之中，他会发现，仅仅依靠词语自身的色彩与声音所创作的诗歌只会空洞而抽象，那些扭捏作态的、"诗意的"、崇高的风格非但不会支撑起一个肤浅或陈旧的故事，反倒常常暴露它的匮乏。造作的风格通常在告诉读者，作者已经才尽词穷了。好的作者像一杆枪一样挺立瞄准；当他扣动扳机的时候，不会因为子弹的口径或者击发时的特殊响声而分神。如果他和和气气，对自己和他人都毫无威胁，他就配不上他的职业：一杆弹夹空空、没有威胁的枪算不上一杆枪，充其量是个玩物。为了让自己名实相符，找到自己表达的对象与方式，作者必须准备好向一切发问，检验一切，质疑一切，在明确自己的信条之后，他必须为之倾注所有。他是破坏者，也是见证人；是牧师，也是牺牲者。鉴于词语是一种容易被滥用的权利，文明社会的喧闹一刻不停，而作者必须让自己的声音穿越电视、广播、公园、高速公路的喧嚣声被人们听到，作者不得不谦逊而果断。如果不能引起注意，他就是无名之辈，但是如果他扬名立万靠的是欺骗，或者仅仅出于虚荣，那他还不如无名之辈。

任何一个祈祷自己成为作家的人都会说："主啊，让我成长为一个言之有物的人吧！让我成为像亨利·詹姆斯说的那种'一无所失'的人吧。请把理解力和智慧镌刻在我的脑海里，刻得就像睿智而饱经风霜的脸庞上那生活的印痕一样深吧。请教我如何去爱，如何保持谦虚，如何尊重人的差异、人的隐私、人的尊严、人的痛苦。然后，让我找到描述它的语言，让它不至于被忽视，不至于被忘却。"

最终，尤其是对于初学者来说，的的确确，一切又回到了语言的问题上。作为艺术的文学无限地依赖于艺术家对媒介的掌控，想要让我们相信他的话，想让我们全情投入，除了依靠语言，别无他法。武器不会造就勇士或猎手，但没有武器，谁也无法成为优秀的勇士或猎手。康拉德和弗罗斯特能够贬低语言的天赋，是因为他们两人都有这种天赋，而且天资卓越。如果有话要说，他们找得到表达的方法。语言削枝去蔓，闪现成生动的形象、启发与认识如利剑般击中我们。"像火炉上的冰块一样，诗必须驾驭自己的融化。"弗罗斯特这句话把艺术创作的整个过程浓缩到一个简单的形象里。而如果没有摄人心魄的语言，康拉德永远不会如此惊人地实现他为自己设定的文学目标："……依靠纸上文字的力量，让你听到，让你感觉到……但首先，让你看到。这就是全部，再无其他。如果我顺利，你会在那儿找到你应得的：鼓励、安慰、恐惧、魅力 —— 你想要的一切 —— 也许还有你忘记提及的事实的微光。"

它从感官中开始，在语言中成形，终点是对事物的洞察。如果它真的成功了，它的见地会随着刺痛传达给读者，带着更敏锐的感觉、更宽广的见解、个人情绪的释放、危机感、投入感、放大感。很难相信那些最聪颖的诗人和艺术家会希望他们笔下的信息被冷冰冰地传递给读者。作者感性的触发和读者感性的回应 —— 某种幻想或信仰的激情 —— 是绝对必要的，但又常常可望而不可即。一旦一个人做到了，就明确地标志着他已经脱离了语言的日常使用者，进入语言艺术家的行列了。

回想起自己 20 年代初在巴黎度过的青葱岁月时，欧内斯特·海明威说："我努力地试着去写，但是我发现，最困难的不是真切地了解自己的感受，更不是知道你应当感觉到什么，或学着如何去感受，而是写下实际发生的行为，写下使情绪得以产生的实际的经验。在给报纸写文章时，你描述发生的事情，用这样那样的手法，借助实效性元素传递情绪，这让描写带上了一种即时的情绪；但是真正的事件、那些触发情绪的动作与事实，能让情绪在一年甚至十年之后依然鲜活可感，当然，你的运气要够好，语言要简练干净。对于这些，我一直心向往之，每天都在努力接近它。"

这段话看起来平平无奇，但对每一个初涉写作的人，它却是严格的练习方式：学着仔仔细细地看，练习，保持无穷的耐心，"纯粹地陈述"你发现的；观察它、描述它，不只要传达它的意义，同时也要传递其情感的精髓，接近那个让你打一开始便沉浸其中的东西。不管是自发组织的，还是学校提供的，没有任何一个创意写作课程能提供更好的系统训练。这样的程式也许可以让一个年轻的作者避免被老师引入歧途，因为老师可能会尝试去"矫枉过正"，也可能出于同样不明智的倾向，在年轻的作者显示出哪怕一丁点虚构天赋的时候过度地赞美他。如果从一开始，写作者就设定了最高的目标，那他就不会被其他人的标准所误导。

我在前面说过，创意写作是从感官开始的。不只如此，感官的标签应当一直贴在上面。没有敏锐的感官和使用它们的意愿，就不应该自称为文学作者，因为没有感觉，就无法创造形象，而形象是让读者听到、看到、感知到的唯一的工具。纯粹依靠智慧，一个人可以驳倒读者，说服他，改变他的想法，然而对于有创意的作者来说，智慧只能是感官的补充：有创意的作者不只孕育形象，也必须用形象来交流，读者同样必须通过形象来阅读。形象是源头，同时也是手段。它由作者的感知结晶而来，通过重新编码，转化为语言，最终又在读者那里被转化成与最初的感知相类似的东西。由于经历过"打乱—重排"的过程，传达出的信息更加清晰，因此，读者接收到的静态的文学形象也许比他自己感知到的要少一些混乱。

有创意的作者会不自觉地进行具体化，也就是说，他与经验须臾不可分离。不管多么坚定地抱持着自己的观念，他也不能用哲学家或社会学家的方式来表达。他不经营概念，不经营固定模式的思想，他使用的是形象，他的方法是形象与模仿。他关注的是人物、地点、动作、感觉和情感。思想应当萦绕在他虚构的房子的周围，而不是居住其中；天黑以后，它们会掠过窗前，而不是在屋内停留。只要一个人萌生了创作关于观念的诗歌或故事的想法，他就已经站在了荒谬的边缘。他只能高谈阔论，因为概念与观念没有戏剧性。它们不得不被装进人物和行为的外壳里，以获得适当的力量。一个舞台上的麦克白胜过千万篇关于野心的论文。

于是，当谈到像"柏拉图式的理想"[1]这样精练的概念时，雪莱（Shelley）在阿多尼斯(Adonis)的形象里找到了使抽象变得有形而让人难忘的钥匙：

> 唯一者依然驻守，芸芸众生则朝来暮去；
>
> 天堂的光芒永远闪耀，地球的阴影倏然飞逝；
>
> 生活，就像五颜六色的玻璃穹顶，
>
> 玷污了白色的不朽之光。[2]

如果他换种表达方式，说"理想是纯洁而永恒的，现实是混杂而暂时的"，会怎么样？

有的作者像霍桑（Hawthorne）一样，从一个观念出发，给它添上血肉；有的作者则像马克·吐温（Mark Twain）一样，从血肉出发，让血肉自行发展，转化成观念。无论哪一种方式，作者都时刻被要求去呈现他或他笔下的人物所感受到的生活。他必须生动地呈现它们，因为

---

① 指美好而不切实际的理想。

② 出自雪莱因济慈之死而创作的诗《阿多尼斯》第 52 节。

他希望读者鲜活地感受到它们，因此他调用了自己所有的感官。这就是为什么文学作品中总是充满了激发感官的文字，比如暗夜的大街上空荡荡的脚步声、一记正中胸口的愤怒的重拳、夏夜的黑暗映衬着低垂的毛茸茸的绣球花、低头瞥到女人后颈上像飞絮一般柔软的纤细发丝……不管是诗歌还是散文，我们必须有能力表现出事物的质地，它是坚硬、平滑，还是闪闪发光，要描述冷或热的感觉，人在恐惧、兴奋或失落时的体征。我们必须仔细观察，进而能够传达出口吻和手势的不同，眼角、嘴角、双手或肢体上几乎难以察觉的细微动作，通过它们，我们转译出某个人在意图和情绪上的特殊状态。我们必须用语言做到一切——模拟汗腺和毛囊，让口中流涎，让胃翻滚，让眼泪、欢笑和蔑视全都听从指挥。

人类天生是视觉记忆的动物，大多数文学形象是视觉的——字面意义上的形象——但也许还掺杂着其他的感官，或者数种感官同时存在。它们有时带着浓重而潮湿的声音，就像马克·吐温的跳蛙，高高跃起飞落到柜台上，"稳稳当当的和一坨泥巴似的"①。有时则是视觉与听觉兼而有之，就像勃朗宁"迅疾的刮擦声／火柴的蓝光一瞬间燃

---

① 出自马克·吐温的短篇小说《卡拉维拉斯县驰名的跳蛙》（*The Celebrated Jumping Frog of Calaveras County*）。

起"①。有时也许是触觉，就像济慈在《圣亚尼节前夜》（*The Eve of St. Agnes*）的开头所做的，扣紧我们的皮肤，让我们双肩颤抖：

> 圣亚尼节前夜 —— 哦，它寒冷刺骨！
>
> 猫头鹰身上的羽毛
>
> 野兔们挤在毛茸茸的褶皱里：
>
> 乞丐的手指冻得麻木，当他
>
> 读着《玫瑰经》，带着霜气沉沉的呼吸，
>
> 像一个虔敬老旧的香炉
>
> 飞向没有死亡的天堂
>
> 贴着处女相片的天堂，他正在祷告

　　有一个常见的误解，认为在一个形象当中一定会包含一个修辞格。多数时候这没错。神秘主义诗人弗朗西斯·汤普森（Francis Thompson）称呼一朵罂粟叫"火的裂口"，他使用了隐喻做帮手。D. H. 劳伦斯（D. H. Lawrence）把地中海的海水与天空比作两瓣张开的蛤壳，他用的是明喻。勃朗宁用拟声法模仿，下笔更加生动逼真。

---

① 出自罗伯特·勃朗宁（Robert Browning）《深夜幽会》（*Meeting at Night*），原文为"The quick sharp scratch / And blue spurt of a lighted match"。

然而济慈的这一段文字则透着冰冷，这是它最主要的特点，他几乎没有用任何修辞，"毛茸茸的褶皱"（转喻）在这里是个对照，而"霜气沉沉的呼吸"这个明喻则首先是视觉上的。

有时候，一个开门见山，在细节上又一丝不苟的报告可以像任何一个修辞格一样生动传神。年轻的海明威学着"从最朴素的东西开始"，他想尽一切办法来避免所有比喻的"小伎俩"。既然所有的隐喻性语言无一例外地包含或明或暗的对照，而对照一定意味着某种判断，那么，一个以绝对客观为目标的作者大概会对它持怀疑态度。看看 T. S. 艾略特（T. S. Eliot）写的：

> 那么我们走吧，你和我，
> 正当天空慢慢铺展着黄昏
> 好似病人麻醉在手术台上。[①]

这样写，不仅呈现了感到幻灭的杰·阿尔弗雷德·普鲁佛洛克，也透露出艾略特自身的某些东西：他带着戏弄和挑剔的嘲讽，对粗俗生活的厌恶，在黄昏与手术台之间的

---

① 摘自 T. S. 艾略特的《J. 阿尔弗雷德·普鲁佛洛克的情歌》(*The Love Song of J. Alfred Prutrock*)。

对比中彰显出来。另一方面，我们再来看看海明威是怎样在《大双心河》（*Big Two-Hearted River*）里描写鳟鱼群的：

> 他观察着鳟鱼怎样迎着水流保持不动，许多鳟鱼待在水流湍急的深水处，透过玻璃一样凸张的水面，它们看上去稍稍有点变形。在木头桥桩阻力的作用下，平坦流畅的水面皱起水波。

在这里，作者只是一双眼睛。不管是隐是显，他没有做任何判断。这里没有艾略特那段文字中隐喻的跳跃，只有对双眼所见的事物的复述。海明威放宽了他对修辞学和象征手法的禁令，这值得嘉许。完全将这两者弃之不用，相当于缚起了自己的一只手。不仅如此，他这种把生动描写的压力全部押在观察的准确性上的尝试，是一项非常宝贵的练习，这跟福楼拜（Flaubert）让他的门生莫泊桑（Maupassant）所做的练习如出一辙，他曾经要求莫泊桑用一句话或者一个词来描述一个活动。

无论是用修辞来梳妆打扮，还是仅仅依靠观察坦诚相见，任何创意写作都必须具体，必须通过形象传递信息。幸运的是，每个人的观看方式、行文风格和"口吻"几乎像我们的指纹一样独一无二。我们总能找到不同于海明威的路，不同于福楼拜的路。

"不要忘了，斯科特"，托马斯·沃尔夫（Thomas Wolfe）在一封寄给斯科特·菲茨杰拉德（Scott Fitzgerald）的信中写道，斯科特一直缠着他询问语言组织和形式的问题——

> 不要忘了，伟大的作家不仅是一个去粗取精的人，同时也是增添枝叶的人，莎士比亚、塞万提斯和陀思妥耶夫斯基都是作为伟大的增添枝叶者被人们所铭记的。实际上，比起去粗取精的工作，他们更因为其增添的东西而被人铭记——恕我冒昧，只要福楼拜先生还在因为他删削丢弃的东西而名留青史，他们就不可能被忘记。

沃尔夫自己就是一个非凡的增添枝叶者，他不会让一个人物路过五金商店门口，而不去列数货架上的每一个工具，一个熟悉的镇子下午的风景和声音会让他陷入感官的迷狂：

> 光影来来回回地闪烁，喷泉像一朵巨大的羽毛，跃动着，被四月的风打碎，飘过广场，散成映着彩虹的薄纱。消防署马队的木质踏脚敲打着地面，马匹干

净的粗尾巴悠然自得地扫拂着。汽车从各个方向进入广场，压着马路，各自稍做停留，就像一刻钟转一圈的老玩具。一匹垂垂老矣的马拖着运货马车，咕隆隆地碾过鹅卵石法院路……县城法院的钟低沉而肃穆地响了三声……

这一段非常值得学习，尤其是它的用词，它选择了饱含力量与活力的"羽毛""跃动""打碎""碾过""隆隆"。但它不像海明威的冰山理论一样，八分之七的内容掩藏在表面之下。相反，它层层堆积，直到满溢出来。与这两者都不同的是安东·契诃夫（Anton Chekhov）这类作者的印象派手法，他曾经说："如果想要展现一个月夜的一切，你可以这样写——在水闸上，一个小小的光点闪过破碎的玻璃瓶瓶颈，远处，狗或狼的圆圆的黑影浮现出来，又旋即跑开。"用同样的印象派手法，史蒂芬·克莱恩（Stephen Crane）[1]带着我们跟随一个受重伤的士兵，走到一个僻静的地方等待死亡。整篇文字就像一声长长的无声的呐喊，最后以一个瞪视内心的句子结尾："红色的太阳像圣饼一样摊在天上。"

---

[1] 美国作家、小说家、诗人，属于写实主义风格。《红色英勇勋章》（*The Red Badge of Courage*）是其代表作。

当然，还有象征主义的叶芝、艾略特、詹姆斯·乔伊斯，以及所有达达主义和超现实主义的变体。这里不便展开细说，但有必要提一句，这些作者有意隐藏的东西同他们所揭示的一样多，当选择展示意义的时候，他们依靠难懂的私人化符号或微妙的顿悟来实现，就像乔伊斯在《委员会办公室里的常春藤日》(*Ivy Day in the Committee Room*)这个故事中那样，死去的领袖帕奈尔的鬼魂被讽刺地带到一屋子手下和谄媚者中间，其中作为帕奈尔鬼魂象征的常春藤叶子几乎难以被读者察觉。

年轻作家无须为自己将要走向自然主义、现实主义、浪漫主义、印象主义、超现实主义还是其他的什么流派而担心。他所处的时代会带他接触大多数思潮流派，而他的热情会推动他去跟随其中的一派，或者他会不时地改换门庭，直到找到自己的路。大多数有潜力的作者都是杂食性读者——这是他唯一的学习方法。也许他会努力尝试去"开发自己的风格"，然而他真正的风格还是随着作家自身思想和感受力的成长而渐渐形成的。想找到与自己天生契合的风格，最佳的练习方式是海明威的方式：纯粹只描写眼前所见的事物。

许多年前，在新英格兰的农场上，黄油曾经被装进小木桶里，再运到集市。每一桶黄油的色泽、质地和口味很少统一。为了验货，买家通常用一个空管子一直伸到桶底，来获得不同深度的样品。这恰恰是年轻作者在遴选词语时应该使用的方式。

表面看来，每一个词都带有某种确切的含义，就像每个小木桶里的黄油乍一看都有相同的色泽和质地一样。在某些社会科学中，总会创造一些有固定意义的技术词汇，人们期望这些词汇像数学符号一般精确。有个语言学家甚至说过："数学是语言所能达到的极致。"然而，任何一个诗人、小说家、随笔作家和剧作家都会驳斥他的言辞。一颗色泽饱满的珍珠是价值不菲的，但一颗从死掉的牡蛎中取出来的珍珠是一文不值的——它没有光泽。而吸引我们目光的词语却是有光泽的，它是我们从语言的活体中切割下来的。

学校总是试图把文雅而死板的"正确性"强加在学生身上，使年轻作者对创作的热爱无处释放。在我们帮助学生们不要沉溺于爱玩的天性时，却列出了"不许你做"清单，以及必须改正的病句列表。语言曾经被称作人类最伟大的发明，事实上，人类所有的文明都建构在它之上。尽管备受练习册和学校教育方式的倾轧，语言依然存活着，而相比那些认为存在唯一正当表达方式的人来说，卡车司机口中的语言无疑更加鲜活。爱默生也对货运马车夫的神侃心生艳羡。我们都遇到过这样的场景：一个没什么学问又放浪不羁的年轻人，在跟女孩打情骂俏或指挥三垒打球时，不经意地会抛出灵光乍现的词语，他做的恰恰是语言允诺他做的 —— 生动地传达所思所想。

　　这并不是在否定正确性，也不是说语言的用法没有好坏之分。我只是在说，我们必须做好准备，发明多层次的语言。学校越是石化我们的母语，就越应该有更多的创造来自胸无点墨的人。当海明威说"美国文学的一切都来自马克·吐温的《哈克贝利·费恩历险记》(*The Adventures of Huckleberry Finn*)"时，他确实是在夸大其词，然而尽管如此，哈克贝利·费恩那些活灵活现的黑话、日常的聊天，毋庸置疑对我们的文学和语言发展有着无与伦比的深远影响。一个小小的试验就足以说明问题。读霍桑的任何一段文字，尽管霍桑写得也不错，但听起来总觉得老套而不自然。这时候再读一段《哈克贝利·费恩历险记》的段落，你一定会感到高下立判。看看哈克贝利对河上日出的描述：

　　　　没有一丝声音 —— 一切静止了 —— 整个世界像是睡着了，除了偶尔一两下啪嗒声，也许是牛蛙。从水面望过去，先是看到一条灰蒙蒙的线——那是河对岸的树林子——往后便分辨不出什么了；接着天空中出现一抹苍白，接下来是更多的苍白，不断伸展；随后河流柔软地显现了，撩起重纱，远远地褪去，不再黑漆漆的，成了灰色。你能看到小小的黑点在漂，那么远——是平底驳船，还有黑色的长条——木筏。有时候你能听到哗哗的摇桨声；也有杂乱的人声，太安静了，所以声音传得格外远；再过一会儿，你能看到水面上有一道纹，看一眼你就晓得，急流下有一块树桩，流水被它撞开，成了这道条纹的模样；然后你看到薄雾从水面上卷起，红色从东方晕开，河水也红了，能辨认出树林边缘的一个小木屋，远远的，在河对岸，像是个贮木场，实际上里面空空如也，从任何一个方向放狗进去都畅行无阻；接着怡人的小风钻过来，吹得浑身舒泰，凉爽而又清新，闻起来满是树木和花朵的味道，沁人心脾；但又不尽全然这样，因为有人在四周丢下了些死鱼，长嘴刀鱼什么的，散出浓浓的鱼腥气。接下来就天光大亮了，一切都在阳光下绽开微笑，鸟儿放声歌唱！

按照写作指南的标准，这一段很多地方都应该用红笔画线；但以其他的任何标准而论，它都算得上散文中的翘楚。它完成了语言的使命。马克·吐温用绝无仅有的洞察力观察了眼前的景象，然后找到了干净的方法叙述它。叙述里包含着许多粗野原始的字词，这无关紧要。细微的粗野无关痛痒，而那些重要的部分，啪嗒作响的牛蛙、放声唱歌的鸟儿、乍一看像贮木场一样从任何方向放狗进去都畅行无阻的小木屋，展现的是粗野的天赋，那种独出心裁的调皮的语言，让我们手不释卷。在我们庸常的生命里，在日常闲聊里，在流行歌曲里，甚至在广告口号里，它们常常会突然闪现。在美国青少年的亚文化中，它们作为一种私密的语言存在，从爵士世界中奔涌而出。年轻作者可能会走些弯路，被美国通俗文学的语言束缚，但如果对它们视而不见，就更愚蠢了。成千上万的人从 J. D. 塞林格（J. D. Salinger）的《麦田里的守望者》（*The Catcher in the Rye*）中得到乐趣，被取悦的很大程度上是他们的耳朵：少年的黑话的新鲜感，所有自然口语的声音，都给我们带来愉悦。

对年轻作者来说，语言没有规则，只有一些警示，为极端的选择发出警报。如果读出声来，精雕细琢的书面语言会让作者有些难堪，这显然应当避免；而过分阳刚的硬汉语言也同样不可取，有些年轻人认为，靠这种语言，他们就可以放心大胆地热爱文学，而不被别人说女性化。在这两种极端之间，任何可行的选择都是好的，而调皮的语言总是比一本正经的语言好。有一次，在犹他州南部的布赖斯峡谷，我听到一个人边下车边跟他妻子说："来，咱溜达过去盯着瞧会儿？"愉快而带点傻气，他以一种嬉闹的态度对待语言。有些人则不同，他们严肃地拥抱自己的体验，做好准备去体验应该产生的感觉，然后俯视大峡谷，期待从中找到"雷神精神"。我相信比起后者，前者更懂得如何欣赏。

没错，对于热衷文字游戏的作者或寻找不可替代的词语的作者来说，没有"接近准确"这种说法。两个看起来差不多的容器，却因装着不同的样品而有差别。举个课堂上常用的例子，"他用一块潮湿的织物擦了擦脸"跟"他用一块浸水的破布抹了把脸"是全然不同的两个句子。"织物"和"破布"、"擦了擦"跟"抹了把"的内涵完全不同，尽管它们表达的是大体相似的东西。只有上下文和你头脑中的意图能告诉你你应该用什么词语。

作为一种书面语，英语的强大之处在于它博采众长，从拉丁语、法语、盎格鲁-撒克逊语、希腊语等根系吸收养分，在描述任何对象、概念和行为的时候，它能提供无比丰富的选择。人们常常贬低源自拉丁语的词汇，而赞美简单粗暴的盎格鲁-撒克逊语词汇，然而这些价值判断最好还是由作者自己来做出，而这取决于所要表达的事物的性质。詹姆斯·乔伊斯《都柏林人》（*Dubliners*）的第一个故事以一连串死气沉沉的词开始："他这次没希望了：第三次中风了……"但是当我们赞叹这种语言中恰到好处的麻木时，不该忘了还有另外一种富有色彩的表达——莎士比亚的"一碧无垠的大海染作一片殷红"。[①] 应当选择合适的词，不要去纠结它来自希腊语还是商业广告歌曲。

在某种意义上，每一个单词都是一个符号。纸上的字母或口中一个特定的声音会给我们传达某种意义："树"（tree），有四个字母、一个音节，但它也指代一种拥有树皮和叶子的植物。有时候它还意在言外：在上下文中放进"骷髅地"这个词，它马上披上了十字架的隐喻，因为耶稣在那里受难。类似的表达，我们称之为象征主义，是表达美学经验中最具提示性和最经济的方式之一。

道路和城镇是具体的事物，不过在豪斯曼（Housman）的《致一位英年早逝的运动员》（*To an Athlete Dying Young*）里，看看它们发生了怎样的变化：

[①] 出自莎士比亚的戏剧《麦克白》（*Macbeth*）。

在所有跑者的必经之路

我们高举你踏上归途

把你放在门槛之下

回归更沉寂的城镇

在这里，象征主义朴实无华，套用哈佛教授哈里·莱文（Harry Levine）的定义，它处在习语阶段。不少诗歌的象征主义都可归为这种类别，旅程象征着人的生命，例如在《天路历程》（*Pilgrim's Progress*）中；四季象征着岁月，例如莎士比亚写的：

在我身上你或许会看见秋天，

当黄叶，或尽脱，或三三两两

挂在瑟缩的枯枝上索索抖颤——

荒废的歌坛，那里百鸟曾合唱。

还有不那么传统，却同样明显的象征主义，是莱文教授所说的"明确地表达"——"你也起航了，噢，国家之船！"第三种是"含蓄地表达"，把我们带进晦暗的国度。我们都知道，莫比·迪克不只是一头白鲸，但确切地说，它究竟是什么呢？上帝？邪恶的灵魂？一种纯粹的非理性力量？没有一种解释能让人完全满意。许多当代的作品都在这个暧昧模糊的世界里，充满莫名其妙的、私密的、漂浮的意义；而不少评论家则坠落到更加黑暗的象征主义中，莱文教授称其为**臆测**和**过度阐释**。

再强调一句，对于学生，除了必须阅读、阅读、再阅读，充实头脑，尽自己所能去表达，没有任何规则。如果被卷入寓意的漩涡中，他也许会沉入水底，这已经有不少先例。不过，在俗语和明确表达的阶段，他是安全的。当他开始使用私人符号，开始遮掩而不是揭示自己的想法时，就有排外和"掉书袋"的风险，就像乔伊斯一样。然而，能确定的有一点：如果外在的故事或诗歌是可靠的，那么即使象征晦暗不明，也能自成一体。《格列佛游记》（*Gulliver's Travels*）的内涵远比表面上显现的更深刻，然而它至今仍是引人入胜的儿童幻想故事。《白鲸》（*Moby Dick*）仍然是一场追逐一条难以置信的大鱼的冒险。象征并没有投射到任何没有坚实基础的地方。

年轻作者应该尝试一切，不过某些形式会更加契合他的天性。比起长篇，简短的抒情诗、短故事、独幕话剧更适合他当前的眼界。最让他受益匪浅的，是不断地练习创作开头和结尾——这是写作中最难的部分，也是契诃夫所说的一个人最容易撒谎的地方。

　　如果选择抒情诗，他完全可以隐藏自己，因为抒情诗是个人化的，是最私密的艺术。但是如果他选择小说，尤其是短篇小说，他将不得不像傀儡师一样，去学习如何不让自己的双手双脚暴露在灯光下。小说创作的基础是视角的选择，是作者选择何种立场、意识，让读者跟随故事的进程。小说通常不像抒情诗那样个人化，也不像戏剧那样容易被客观环境羁绊。就像斯蒂芬·迪德勒斯（Stephen Dedalus）在《一个青年艺术家的画像》（*A Portrait of the Artist as a Young Man*）里自言自语的那样——"抒情的形式"——

　　实际上是对瞬间情绪最单纯的言语包装，一种有节奏的叫喊，就跟许多年前划桨的人或将大石拖上斜坡的人口中呼喊的一样。喊出它的人对于瞬间情绪的意识比对自身感受的意识更加敏感。

　　相反，戏剧家"就像造物主，一直与他的造物保持若即若离的距离，瞻之在前，忽焉在后，隐遁无形，消弭于存在之外，保持着冷漠的中立，修着自己的手指甲"。而小说作者则不同，也许他会装作漠不关心、置身事外，但他必须有自己确切的位置。他会忍不住去操纵，提供视角，做一些评论，抛出一些观点或者来一段讽刺。如果他想让读者紧密地参与叙事，他会采用故事中某个人物的视角，透过人物的眼睛看待一切，用人物的头脑思考，那个人物不知道的，他一概不知。如果他想要模仿戏剧，他会假装自己是一个摄像机——就像约翰·斯坦贝克（John Steinbeck）在《人鼠之间》（*Of Mice and Men*）里所做的那样，写下在同一时间同一场合发生的故事。然而，如果作者像契诃夫、康拉德、克莱恩以及其他很多人一样，既想带来戏剧的即时性，又要保留自己评论的权利的话，那么他需要做一些微妙的工作，当说出想说的话时，让自己与故事保持距离。

视角是一个太过复杂的话题，不适合在这里展开来讲。但是，一旦小说作者驾驭文字的能力臻至纯熟，视角就成了他必须开发的主要技能。他必须时刻在故事之中，同时又身处故事之外；他必须让故事顺着自己的意志推进，同时看起来又像自在地独立发展。要锻炼这种技能，短篇小说是绝佳的训练场。它篇幅很短，任何细微的瑕疵都像是冰激凌上的蜘蛛；它的一切如此集中，强迫作者去发展自己删削和架构的能力；它又如此紧张，就像高速飞行的子弹，具有火箭一样打倒目标的冲力。

作者必须击中读者。他必须时刻牢记这一点：让人们聆听，抓住他们的注意力，在写出内心强烈想要表达的东西时，他必须有办法让读者屏息凝神。他是一个远古时代的水手，握着婚礼来宾的手，用瘦骨嶙峋的双手和闪亮的双眼让他们寸步不离。尽管作为一项智力运动，创意写作也许会被金钱追逐，但是，写作作为一种职业，并不会开放给业余人士、浅尝辄止的人、缺乏感受力的人、懒惰者或者满足于模仿的人。它是为有创造力的人准备的，而创造力则同时意味着天赋和努力。

第三章　关于创意写作的教学

斯泰格那先生，请问：对于这样一个问题，你的回答是什么？——就事实而言，创意写作是可以"教"的吗？

这些年来，一直有人问我这个问题，你也能想象，因为到我退休之前，我教了四十多年的写作。

我记得很多年以前，在跟牛津大学莫德林学院（Magdalen College）的教授们一块儿吃晚餐的时候，他们对我群起而攻之，射得我满身箭镞，像圣塞巴斯蒂安一样。我相信，他们都认为写作是可以学习的——那是一种需要开发和训练的天赐的礼物——但是却没有一个人觉得它能够成为一个正当的大学课程的科目。

我能够给你的所有答案是，那些人生活在一种特权之中。他们生活在英国，这个国家很小，和美国一些州差不多大，在那儿，年轻的作者可以去伦敦，出入于汉普斯特德的小酒馆，结识一些文学的同道中人，并开始干一些杂活——给这里写写书评，给那里写篇论文，作首诗，写篇评论，用这种方法进入文学的学徒期。

但是美国这个国家太大了，不允许普通人那样做。尽管纽约是出版业的中心，却不像伦敦、东京、维也纳那样，是文学的中心。有些年轻作者，比如托马斯·沃尔夫，真的把自己扔进那个漩涡中，而且试着游泳。其他人则不那么做，很多人没法那么做。

所以，对很多像我一样成长在外省的美国人来说，没有一个近便的地方，能认识其他的同道中人，学习写作的技巧。至少直到最近，某些城市的文化都在衰退或停滞不前。最好的替代品是在学校里形成小的文化中心。在这些环境里，创意写作的发展是必然的。

当然，在学院里，除了鼓励形成兴趣和评论的氛围，给写作提供土壤，老师能做的不多。如果一个作家自己都不清楚自己正在做的事情，他如何能"教"别人写作呢？

任何人如果着手写一本书，都是一次发现的旅程，但也可能一无所获。任何旅行者都可能迷失在大海里，就像约翰·卡伯特（John Cabot）①。没有人能教授关于未知之地的地理知识。他所能做的是给勇于探索的人打气，同时也向缺乏经验的探险者们强调航行中的注意事项。

曾经在那些海域里泛舟的老师能够传授相应的经验——他们熟稔罗盘和六分仪的用法：语言的使用，某些历经检验的文学工具、技术、策略、姿态，以及接近故事、小说、剧本的叙事本质的方式。

任何一个能够发现不好的（指的是徒劳无益或失效的）习惯并鼓励纠正的老师都能对学生有所帮助。他能引导一个年轻人去做最适合他的事情，使他免于误入歧途。他能传达必要的真理——好的写作是其自身的完成，一个诚实的作者应当是可尊敬的。这也许就是一个写作课老师最重要的作用了。

学院本身就是黑暗中僧侣的避难所，在学院里，可以形成一种更成熟的创造的氛围，也许甚至可以创造一个替代品：美人鱼酒馆和汉普斯特德的酒吧。在大学里，志同道合的人和天资相类的人可以聚在一起，互相碰撞出火花。

以我的经验，大学写作课堂里最好的教育是课堂的每

---

① 1497 年他为英王亨利七世航行到今天的加拿大，他却以为到了亚洲的东海岸。

一个参与者所成就的。但它不是水到渠成自然发生的，老师的角色绝非无足轻重。他的工作是主导那种氛围，这份工作也许跟上帝掌控天气变化一样困难。

任何人都能够被培养成一个有创造力的作者吗？每个人都必须成为这样的人吗？

不，两者都不是。我一直让自己不要忘记瑞因·拉德纳（Ring Lardner）的话：你永远无法把一个天生的药剂师培养成作家，无法把一个短跑选手训练成链球运动员，或者把一个五音不全的人教育成音乐家。你只能从天赋出发，天赋或大或小，而你则协助它充分自如地发挥。

事实上，很多人不了解自己的潜能，如果没有别人的帮助，你永远看不到自己可能会变成的样子。更悲哀的是，有些人会错误地估量自己的潜力，从而奢望某些靠他们的天资无法实现的东西。

然而，我相信，天资比我们想象的要寻常，它无处不在，几乎每个人都有某种天分值得去开发。这不是说你能够指望自己批量生产出作家，就像工科学校不能指望批量生产出工程师一样。

写作不是依靠智力和投入就能换来成功的。它是某种礼物——是上天赠予的，而不是后天获得的。老师能做的只是与上天的馈赠一起共事。

但是我也相信，每个人天生都有机会成为最好的自己，都有未曾开发或者被掩盖的天赋，它们就像孢子一样，只要有水，就能生长。

通过哪些观察能够确定一个人是否真的有能力成为一个有创造力的作家？

天赋的苗头：显而易见的洞察力、对世界清醒的警觉、对语言的感觉。这并不容易，不同类型的作家会显露出不同的特点。

如果你只关注对语言的感觉，你永远预料不到西奥多·德莱塞（Theodore Dreiser）会成为一个重要的作家。事实上，德莱塞除了缺乏对语言的感觉，他拥有一个小说家应当具备的一切。他没有写一行英语句子的能力，却成了重要的作家。所以，预测是一件危险的事情。

在斯坦福，我们收到过成百上千个奖学金申请。候选人在信里写着他们希望成就的事，也用长长的例子证明他们曾经做过什么。记得有一年，我一次捡取了两封申请书。其中一封充满了自负的腔调、形而上的幻想、牵强附会的比喻、五花八门的修辞。就像福克纳（Faulkner）遇上了特里斯坦·查拉（Tristan Tzara）[1] 或者蒙提·派森（Monty Python）[2]——太过浮夸，以至于不知道所言为何物——而且足足有四页纸那么长。

另一封则只有四行字。里面只有我们大纲里讲给候选人的话，即给每个人提供兑现其天赋的机会，她想要写故事，并且把它们写好。

第二个候选人叫蒂莉·奥尔森（Tillie Olsen），她确实写故事，也写得很好。我们把奖学金给了她，没有给另一个人，因为她在信中显露的是率直和诚实，而前者却是在信里做自负和以自我为中心的演讲。他想要"文学化"，她则想写故事。

并非所有的预测都像上面说的这样简单，而所有类似的决定都是在狠心地痛下杀手，因为它们对于评判的对象来说意味着很多，又非常个人化。

最终，老师寻找的是感性，感性是感觉的本质。老师要寻找候选者双耳双眼敏锐活跃的迹象，分析他是否拥

---

① 特里斯坦·查拉（1896—1963），罗马尼亚裔法国诗人、散文作家。主要作品有《诗二十五首》《七篇达达宣言》《玫瑰与狗》等。曾获陶尔米纳奖。

② 蒙提·派森，又称为巨蟒剧团、蒙提巨蟒，是英国的一组超现实幽默表演团体。

有找到某些词语的能力，以表达感知和感知对大脑产生的作用。

老师在候选人的语言中寻找的不是机械完善的语法，而是精准、贴切、生动的表达。还有关于写作的严肃的概念，不管它多么基础，写作者都应当意识到，文学应当让生活更坚实。

可以在一个人年纪很小的时候就向他传授关于创意写作的方法吗？

毫无疑问，对于培养敏感性来说，没有年纪太小这个说法。不少诗人曾试图说服我，写作没有最小年龄的门槛。

诗人的学徒期一般比小说作家要短，因为（至少在我们的时代）诗歌本质上是抒情的，也就意味着是个人化的，而人在完全了解自己与社会和文化的缠结之前 —— 小说的虚构常常是从这些缠结中出现的 —— 就已经相对更充分地了解自己了。

所以，没有沉浸在写作之中的"法定年龄"，但是也许只有过了某个年龄，一个人的作品才可能被人记住。诗歌可以比散文更早地成熟，个体认知和敏感性毕竟是两码事。

不过，也许写作教学有施之过早的说法。教学两个字暗示着学生的个性至少已经部分地形成了。它同样包含着——我希望它没有，但其存在又无可争辩——年轻作者通过反驳他人的观点来试探自己，尤其对于出版而言。把见解付梓出版，是文学自我膨胀的最大化。

我认识一些老师，他们通过让学生相信自己的作品比它们实际上更好、更自然、更有价值，让初中和高中生觉得自己是文学上的大师。他们拖累了一个十几岁孩子的宽广前程，这些孩子会失望，或早或晚。在我看来，这样的做法适得其反。那么小的学生应当接受鼓舞和挑战，而不应该被错误的期望捧上天。

除了凤毛麟角的个案，文学的学徒期通常都很长。在二十岁之前，大多数小说作者都不能真的被称为作者。而且，成熟的过程不是学来的，而是逐渐发展的。

在大学里或者毕业数年之后，你可能一直在绞尽脑汁地写作，也收获了人们的赞许，但没有人会想要出版你的作品。也许你分辨不出新写的作品与两三年前写的作品的区别，但有些编辑可以。你把更早的作品寄给他，他会退回来。他需要近期的作品，甚至可能是刚出炉的。某些不可预测的事情在你的头脑里或者在你的打字机里发生了，没有人传授这一切——尽管可能有老师催化了它的产生。

一个很简短的问题，我却说了这么多。简而言之就是：应当鼓励年轻作者去写作，但不要鼓励他们萌生自己是作家的想法。如果他们怀揣着文学梦来到校园，他们应当被告知，从他们儿时发表在校园报纸上的第一首儿童诗歌算起，他们所做的一切，都是在为进入一段缓慢而漫长的学徒期做准备。

至少在开始的时候，学徒期不必在教室里展开。可以写信、写日记，任何能够丰富文字表达经验的途径，都可以拿来实践。

那么，这是否意味着，在学生们真正开始从事写作的尝试之前，更应该驱策他们通过生活汲取经验？

如果你必须强迫一个学写作的学生"通过生活汲取经验"的话，那他永远成不了一个作家。对于这一点，亨利·詹姆斯有一些实用的建议。他呼吁年轻作者成为一个"一无所失的人"。不过在另外一篇讨论莫泊桑的文章里，他对福楼拜那个著名的说法提出了质疑，福楼拜的教导是，细心观察一匹拉车的马，直到你能把它从地球上所有拉车的马中区分出来为止。

亨利·詹姆斯建议"勤动手记"（他自己就是一个极

好的笔记记录者，所以他的这个建议也许有些模糊不清），但这算不上最好的方法。你不会跑到外面去"积累经验"，只为了今后某一天把它写下来，如果你不得不记下一件打击了你的事情，它可能根本就没打击到你。

真正能够成为作家的人不需要有意关注自己的生活和经验。生活自然会击中他们。甚至被评论家描述成一生缺乏实际经验的亨利·詹姆斯，在某个难忘的毫无波澜的时刻，也从未犹豫过。就算缺乏经验，他也是一个"一无所失"的人。

如果细心留意，任何生活都能提供写作的素材。薇拉·凯瑟（Willa Cather）说，小说就是今天在这个屋子里发生的事。她说得没错。没有必要去驱策。人总会知道什么能击中他。

但是你曾经宣称"任何艺术作品都是人类共同体的产物"。你也强调过，文学的成就不是简单的"驾驭语言的问题"。那么，这是不是表明，作为创作和表达的背景，创意写作者必须拥有相对成熟的经验？

哦，当然，没错。我并不是暗示詹姆斯真的缺乏生活经验，也不是指任何作者，尤其是小说作者，可以仅仅依靠头脑，凭借完全抽象的虚构来写作。脱离了经验，无法抽象出任何东西。

我想说的是，为了写作而刻意去寻找的经验也许能产生出报告或者旅行书籍，但是不会产生文学作品。经验是多种多样的，有的微妙而隐蔽，需要一个非凡的盖革计数器才能发现。

获得经验的方法是去生活，但那并不意味着必须去过贫苦的生活，寻找异国情调的、粗暴的、危险的、反常的或者非同一般的经历。任何看上去平平无奇的经验，对于小说和诗歌来说，都足够奇异了。

同样，生活得足够深入和宽广的个体——我指的是生活，不是为了文学的目的去探访贫民窟或者去冒险——相比其他人，有更多的材料可写，而且也许有更好的基础让心智成熟。

然而，我不知道。梭罗知道吗？他认真地在瓦尔登湖一带生活，认真地读书，认真地思考。他的职业普普通通，他只是个兼职测量员和杂务工。

写作的主题不仅仅包含写作者昨天做的事。除了作者自己的经验，也可以借用其他人的经验。

罗伯特·弗罗斯特曾经说，小说家应当具备这样的能力：能把自己身上的事情描述得像发生在别人身上一样，又能把别人身上的事情写得好像是自己的亲身经历。这句话一针见血：写作者应该具备传达信息的技巧和虚构的说服力。

以你的判断，最应该为学生做的是什么？

他们应该得到尊重。应当使他们相信，他们有创作的权利。就算不得不打消他们的积极性，让他们明白从事写作无异于在浪费生命，也不能轻率地否定他们，否则就是在践踏他们的自尊。

每个学生都有被倾听和真诚沟通的权利，不管他是缺乏灵感的火花、妙手偶得，还是才思泉涌。在老师认可任何人、做出任何魔法般的许诺之前，他最好组织好自己的语言，确定自己要说的话；在否定任何人之前，他最好不要忘记，写作是一件非常私密的事情，它四周遍布敏感的神经。

所有这一切都无须特殊的技巧。这是写作教学中苏格拉底式重负的一部分。这与其说是技巧，不如说是一种态度。

你认为阅读是写作的准备工作里的重要一环吗？

　　哦，没错。正是如此。任何艺术都不是从自然中，而是从传统中，从那些曾经实践过的人中学来的。海明威说过，你可以从任何不如你的人手里偷师。你更可以向比你优秀的人偷师——或者说，你可以站在他们的肩膀上。人们一直在这么做。

　　你在诺曼·梅勒（Norman Mailer）的《裸者与死者》（*The Naked and the Dead*）中能看到多斯·帕索斯（Doss Passos）的"U. S. A"，在多斯·帕索斯的"U. S. A"里又能听到乔伊斯的声音。作家们会教给其他的作家如何去看、如何去听。

　　灵感直接从个人经验蹦入脑中的可能性，就跟一个还没打过球，甚至没看过别人打球的孩子，突然就能展示娴熟的运球技术的可能性一样。

　　随着时间的推移，影响你的事物也会改变。毕竟，你的起点由你的口味、智力和经验决定。

　　我曾经听 T. S. 艾略特说过，培养对诗歌的热爱，最好的方法是让人们从感动他们的东西出发，从《古罗马谣曲集》（*Lays of Ancient Rome*）或者类似的，叙事体的、简短的、容易理解记诵的诗歌开始。

　　如果一个年轻人啃得动《桥上的贺雷修斯》（*Horatius*

at the Bridge）①或《雷吉鲁斯湖之战》(*The Battle of Lake Regillus*），他肯定能攀向更难和更壮美的高峰，比如艾略特本人，或者华莱士·史蒂文斯（Wallace Stevens）、里尔克 (Rilke) 等人。

同样不言而喻的是，青年时代读过很多诗的人比其他人更有可能成为一个诗人。

尽管对年轻人来说，跟随指引前往潜在的兴趣点很有帮助，但我却更倾向于把他们扔在图书馆，让他们自己各寻所需。发现的乐趣是阅读中最大的乐趣，发现是给大脑播下创意火种的最好的方法之一。

当然，模仿有潜在的危险。每个作家都为模仿所钦佩的作家预留了一个舞台。但模仿无法长久，如同昙花一现。任何可期的才华都不可能被模仿牵绊太久，而注定一无所成的才华无论如何攀附也走不了多远。

实际上，值得注意的是，我所认识的大多数作者阅读面都十分广。他们为好奇心驱使而阅读，为时刻关注前沿而阅读，为在自己的领域获得发现的乐趣而阅读。他们也

---

① 出自托马斯·巴宾顿·麦考莱 (Thomas Babington Macaulay) 的《古罗马叙事诗》。讲述了古罗马独眼英雄普布里乌斯·贺雷修斯·科克莱斯的故事。公元前 508 年，由伊特鲁里亚人所组成的军队入侵罗马，他遏止了敌军进攻直到罗马人毁坏了台伯河上的苏布里基乌斯桥后跳进了水流湍急的河中，身上还穿着那沉重的盔甲。

会阅读考古学、传记、历史、物理、地理，了解生物、化学实验的新进展。一个聪明的外行人所能理解的任何事物，都有助于他认识生活和书写这个世界。

他们阅读有的是为了满足自己活跃好奇的头脑，有的则是出于实用性的需要。

小说作者尤其需要成为一个涉猎广泛的人。如果他在小说里提到圣公会的婚礼，那么他必须了解或查找圣公会结婚仪式，对圣公会信徒的思想状态了如指掌。大多数时候，人物的动作可能在他的直接经验之外，人物的思维方式也跟他不尽相同，所以，在阅读的时候，他不只是为了解某种信息而阅读，而是为了收集信息，探究其背后的动机。

那么，创意写作的指导是不是——至少在某些方面——应该涉及实际的问题和信息的处理？

是的。除了真正去了解自己正在写的东西，没有其他捷径。能够历久弥新的作品都有庞大的知识背景，表达方面也为适应读者的理解力做了一些调整。不过有时候，凭空捏造也是可能的，甚至是正当的。

你还记得追兔子的那个印第安人吗？他追逐兔子，因为他已经三天没吃过饭了。他锲而不舍，来来回回，上上下下地追兔子，直到把它逼到绝境。就在他抽出箭来，把弓拉满的时候，兔子突然坐起身来，叫道："汪呜，汪呜!"印第安人吓坏了，蓦地停下来问："你真的是兔子吗？怎么冲我叫?""哦，我是只兔子，"兔子说，"但是在这么个局促的地方，会两种语言更好一些。"

在小说的局促空间里，会两种语言同样更好一些。靠想象虚构的能力非常必要。我们都必须这么做 —— 在自信的氛围中，随手拨弹贝斯，掩盖我们的缺陷。

即便这样，对自己正在谈论的东西，也没有其他捷径能替代亲自的了解。不论涉及历史、非主流的当代生活，还是涉及小镇的政治、森林救火的技术，许多小说都蕴含着丰富的知识，这些知识来自经验，也来自调查研究。

这也是课堂上应该传授的。哪怕仅仅是为了驱散那种庸俗的误解：写作是轻而易举的，只是"遣词造句"。词语必须有所指，驾驭它们绝对称不上容易。这不是件无聊琐碎的工作，必须严肃对待，就像研究复制 X170 大肠杆菌的 DNA 序列一样，需要慎之又慎。

我们讨论的是严格的态度，是对某种事实和现实观察所肩负的责任。我听过的最差的写作课是那种过于温和的课 —— 沉浸在互相赞赏的氛围里，任何观点只要言之有理就是对的。一个允许这种气氛出现的老师，可以说是不尊重专业人员的职责，给学生造成了极度错误的印象。

有那么一两次，我从一个温和而放任的老师那里半路接手一个班——他给所有人打 A，对拖延和不完成作业不做任何惩罚，不加批评地接受他的学生们写下的"事实"。这样的老师都是善良的人和优秀的作家，但他们不是合格的写作老师，因为他们要求太低。一个学期之后，整个班都被宠坏了，整个冬季学期和春季学期都被白白地浪费。学生们在放任自流的教学里没有任何收获。他们唯一能够期待的是脱离这些课程的影响。

你接下来能不能谈谈写作的"手艺"这方面的教学，比如文学手法和技巧？

这个问题永远是开放的，实际上，这就像谈论如何手把手教会学生一样，很难回答。

老师如果把自己的技艺和构想灌输给学生，将是毁灭性的（这种事情不是没发生过）。把学生送出去，跟一个作家学习一项作家擅长的特殊手法，才是惯常的做法。比如，向乔伊斯学意识流，或者向康拉德学习多重叙述者。

不过，我却从来没觉得在闭门造车的环境里把这当作一般练习来做有什么裨益。如果学生正在为一个多声部叙事的故事发愁，他显然应该了解《吉姆爷》（*Lord Jim*）。如果他想要记录波澜不惊、连绵不绝的意识的流动，他必须得了解乔伊斯、多萝西·理查森（Dorothy Richardson)、弗吉尼亚·伍尔夫（Virginia Woolf)。也许他们只会让他犹豫不定、踟蹰不前，但总会学到东西。

我认为这应该变成一种任务 —— 实际上，手稿讨论过程中最细微的暗示，也能把年轻作者送到灵光闪现之地。只有把相应的技巧代入适用的情境，借此发现自己的不足，方法与技巧才有用，否则抽象的技术规则毫无用处。

我不认为在写作课上布置阅读段落有多必要。在文学课上，它确实有必要，但这是两码事。创作者是一个完整的个体，可以从任何能帮助他的人那里偷师，能够调配生活和文学中的一切素材。让他阅读某个特定的段落，无异于让年轻的达利、布拉克或莫奈去临摹《蒙娜丽莎》或《蓝衣少年》①。这种方法只能培养出学院派作者，无法让他们出类拔萃。

许多技巧的线索出现在课堂习作的讨论中。一个生动的措辞、一段感动人心的文字、某个一闪即逝的特点，

---

① 托马斯·庚斯博罗（Thomas Gainsborough）的油画，现在保存于加利福尼亚州圣马力诺的亨廷顿图书馆。

能让人口舌生津，振聋发聩 —— 也许会比阅读弥尔顿
（Milton）收获更多。

在教学的过程中，老师应该去有意识地塑造学生的品格，
让他或她成为一个更高尚的人吗？

关于你提到的这一点，我有非常强烈的感受。我不认
为我能教给哪个人如何变成一个更好的人。但是我确实认
同这样的见解：为了写出一首好诗，在某种意义上，一个
人必须成为一个伟大的诗人。这意味着每个作者都应当关
注自己人格和品行的发展。

我不同意奥斯卡·王尔德（Oscar Wilde）的说法，他
说一个人是不是罪犯与他文章的好坏无关。不管文辞多
么优美，罪犯写的终究是罪犯的文章。即使这跟私人生
活、个人操守或者综合的道德品质毫无关系，成为一个罪
犯终归意味着某些缺陷 —— 情感、人格、慈悲心或者气量
上 —— 这些都会在文字中反映出来。

大多数艺术家都是有缺陷的，但也许他们应该努力完
善自己。然而你该如何教育人们为了写出好的作品而做一
个好人呢？这有点像要求他们为了文学的目的去"积累经
验"一样。

眼界是个伴随一生的问题 —— 有时候它是自觉的目标，有时候则在无意识中显现。你选择拓宽自己，因为你是这样的人。你成长，因为你不满足于故步自封。你就像不停咀嚼的海狸，如果停下来，牙齿就会长得过长而封住嘴巴。你成长，因为你想成长；你眼界开阔，因为你受不了做一只井底之蛙。

如果你是一个立志于成长的作家，你的作品一定会越来越好，越来越智慧。但是至于如何教授这些，只有天知道。

我猜想你可以有这样的想法：成为高尚、宽宏大量和智慧的人，是比享乐、金钱和名声更好的目标。对我来说，享乐和金钱，甚至连名声也算上，都是可鄙的目标。

我甚至在班上也说过这样的话，但不是所有班上的学生都能相信我。

有句话经常被援引——作为一个作家，恪守工作制度或例行作息是一种必要的自律行为。对此你的观察是什么？

不同的作家有不同的策略。我自己的经验主要是小说家的经验，创作一部小说是一个漫长的烦恼。当比尔·斯蒂伦（Bill Styron）把写小说比作从符拉迪沃斯托克跪行到西班牙的时候，他不是在说笑。

你必须把自己淹没在小说里——至少我必须这样。在你工作的时候，工作这件事对你来说必须是真实的，而我知道的唯一方法，是从早上八点就潜入其中，午饭之前绝不露出水面。这样，在写作的每一个日子里，它就能像其他生活——从午饭到睡觉这段时间——中的事物一样真实。

除了像辛克莱·刘易斯（Sinclair Lewis）建议的那样，每天早上出门，走到写作的地方，坐在椅子上，一直坐在那儿——我不知道还有什么方法能让人相信一部小说的真实性和价值。

当然，这对于任何人都不是件容易的事情。年轻作者时常反抗它，因为当日复一日独自工作的时候，他们会感到焦躁不安。

这是写作不可或缺的笨功夫：必须把自己投进一所监狱，每天盯着墙边的打字机达四五个小时之久，每周七天，一天也不休息。六天不行，五天也不行——三天打鱼两天晒网更不行。

夜猫子们会发现午夜过后的安静时光比早上更适合写作。诗人、剧作家和短篇小说家习惯于喷薄欲出的紧张工作，不需要大段的白日光阴。不过，每个人都能从平凡而熟悉的好习惯中有所收获。

事实上，这是一种个人许诺测试。除了你自己，没有人能强迫你，你让自己去那儿，是因为你想去那儿，你必须要做那些事。

以老师个人的立场而论，有没有什么特殊的危险是写作老师需要时常警惕的？

确实有一些。其中一点是，要当心教学工作挤压你自己的创作。写作老师很容易放弃创作。

另外，新一代作家必然会有不同的想法和手法，这种青春的气息可能会吸引写作老师——让他开始模仿自己的学生——忘了他曾经从生活中学到的东西。丢掉自己脚下来之不易的土地，尝试获得别人的印记，这诚然使人兴奋，但却常常是危险的。

最后，是养父情结的问题。年轻作者也许会依赖他们尊敬的某个老师，由于他们认为他经验丰富、有好的人脉、总是对答如流，他们会更加地依赖他——可能依赖一辈子。

一旦陷身于这种父母亲的角色，老师就涉入了沼泽。学生们的需求可能会吞噬他的整个生活。这不是在耸人听闻。

这也是我不再教书的原因之一。然而，即使走下了讲台，我也没法完全躲开它。在四十多年的教学生涯中，我身边聚集了很多学生，由于我很幸运地有能力看好他们的天赋，他们中有不少人成了发表作品的作家，因此我不得不读了数不清的稿子。

老师应该在多大程度上尝试介入学生的创作过程？

内在的部分是学生自己的事情。只有他或她知道自己寻找的是什么，只有他或她能够实现它。老师需要明白学生的意图，但不能尝试去控制学生的创作。他不需要创造出一个年轻作者，只需要协助他、训练他。

当然，不少写作老师建立了自己的小圈子。我认为这并不可取——他们有的怀着不正当的初衷，醉心于生产他们自己或者他们所崇拜对象的克隆人。

这里需要的是济慈所说的消极感受力：同情心、同理心，能够进入他人的心灵而不去支配它的能力。眼光狭隘却又固执的老师更倾向于让学生改掉旧习，忘记过去，而不是量体裁衣，让学生实现自身的高度。

就像你方才指出的，今天的大学成为创意写作教学的主

要中心，那么这种现象是如何发生的呢？

写作教学在 20 世纪之前的大学里不存在。据我所知，其他国家的类似课程也是从我们国家借鉴的。有些国家至今仍然没有写作教学的课程。

它肇始于哈佛大学的迪恩·莱伯隆·拉塞尔·布里格斯（Dean Le Baron Russell Briggs）（那是一段艰难的时光，严格的规训之前总是散漫无序）。迪恩·布里格斯的课上"诞生"了许多许多的美国作家——其中至少有一个人，罗伯特·本奇利（Robert Benchley），在他的整个写作生涯中，一直坚持每天写 800 字的主题练习。

哈佛的查尔斯·汤森·科普兰（Charles Townsend Cope-land）跟随迪恩·布里格斯做了同样的事。当时，大概有一半的美国作家都出自这两个人门下。

后来，在 20 世纪 40 年代，当我在哈佛教书的时候，西奥多尔·莫里森（Theodore Morrison）在英语学院提供了五个写作方向的教职——这个职位被称作"布里格斯 - 科普兰英语写作讲师"，以纪念布里格斯和科普兰曾经扮演的角色。当然，在那时，写作课程已经播撒到这个国家的每一个角落。上世纪 20 年代我在犹他大学读书的时候，它就已经是一门主课了，尽管不那么重要。

　　面包圈作家会议的成立是第二个阶段。面包圈作家会议已经持续开办了很多年，是佛蒙特州明德学院的众多夏令营之一。据我所知，它是类似机构中成立最早的，尽管罗伯特·弗罗斯特和法勒出版公司的约翰·法勒（John Farrar）是其创始人，但它同样受到了哈佛的直接影响。

　　法勒是它的第一任负责人，很快，莫里森继任并掌管了它很多年，他从哈佛招募了一部分教员，那些年里，弗罗斯特、伯纳德·德沃托（Bernard DeVoto）[①] 和路易思·昂特梅耶（Louis Untermeyer）[②] 一直起着主导作用。每年的 8 月底，教员们有两个星期时间聚在一起，来让学院派们和波希米亚人们能够合作无间。他们做讲座、阅读手稿、主持研讨会和工作坊，打了很多场网球，也喝了不少酒。

　　如果面包圈作家会议每年能多办一天，肯定会更火爆。但短短的十四天，就已经足够让人受益了。年轻作者收获了所有他们能经受得住的激励，教员们倾囊相授，绝不有所保留。

　　面包圈作家会议成了其他类似会议的模范，它们中有不少在区域性的中心——也有的在山峦起伏的度假胜地

---

① 美国历史学家、散文家、专栏作家、教师、编辑和评论家，是美国公共土地和公共资源保护的终身支持者，也是公民自由的直言不讳的捍卫者。
② 美国诗人、文学家、评论家和编辑。1961 年，他被任命为国会图书馆第十四任诗歌顾问。

的，比如阿斯彭、森瓦利和斯阔谷。

第三个发展阶段开始于 1930 年秋天的爱荷华州立大学，诺曼·福斯特（Norman Foster）建立了一个叫"书信学校"的组织，其中包含写作计划的雏形，后来，它成了整个国家最大也最有名的课程。福斯特使英语专业研究生获得文学硕士（M. A）学位成了可能，通过提交一篇创意论文——形式可以是短故事、诗歌或者小说，就有机会获得文学硕士学位。（那一年我刚好被录取为爱荷华的研究生，我选择了这个方向。如果我排不上这个国家的第一个创意文学硕士，也能排得进前三名。）

福斯特的写作计划也能授予博士学位，然而，在大萧条时代，这种文凭看起来含金量不大，于是我们中间有些人会转而去追求更正统的学位。如今，大多数写作计划都能授予文学硕士学位——或者更常见的艺术创作学位（M. F. A）——但是也就到此为止了，博士学位则被认为更适合授予文学史或文学批评专业（它们是为文学的教学而非创作所做的准备）。

尽管如此，从迪恩·布里格斯的每日主题课程，到爱荷华的写作计划，写作课昂首挺胸地走进了学院的大门。到 20 世纪 20 年代末之前，作者获得学徒身份的最常见的途径（不管是日常经验上还是实际的写作上）是做一名报人。许多作家都来自报社。辛克莱·刘易斯、德莱塞、海明威，以及他们的前辈豪厄尔斯（Howells）、马克·吐温、理查德·哈丁·戴维斯（Richard Harding Davis）和斯蒂芬·克莱恩，都从报业出发，走上了作家的道路。

现在则不同了。因为美国从来不是作家的天堂——尤其对于严肃作者来说——他们无法依靠写书谋生，必须找一个工作。那场把写作带进校园的革命创造了不少工作，人们趋之若鹜，因为这些工作只需要从事一到两个学期，而且任何情况下，它都包含着一个三到四个月的暑假。

高校写作计划同样带来了一个新的讲座和阅读的圈子。其结果就是，几乎你能叫上名来的每个美国作家不是跟某些学院有联系，就是某些学术讲座平台的常客。

作家曾经对高校嗤之以鼻，而大学的英语学院也曾经以怀疑的眼光看待作家。如今，最差的关系只能称得上是冷战，更多的时候，只是冰冷的休战状态，而在一些更愉快的例子里，则是热情的合作。不管两者关系如何，你都能在大学里找到当今的大部分作家。

既然现在这已经成了常态，那么，你喜欢英语学院内部的创意写作教学吗？

就像我刚才说的，关系并不总是和谐的。英语学院确实给作家提供了一些空间，但有时也有牢骚。另一方面，作家也觉得英语老师写不出自己的东西，而羡慕和嫉妒导致学院拒绝完全接受作家。

我认为，随着时间的推移，这些嫉妒会逐渐散去。诗歌和小说通常都是作为印刷品被接受的，这会让它们的作者得到晋升，而有些英语学院对外宣传的主要特色就是它们的写作课程。

有一件事必须要提一下，不管英语学院多么热情地拥抱写作计划，它们也不能完全掌控写作项目，尤其是在写作老师的遴选上。

英语学院容易形成圈子。有的教授毕业于所在的研究生院，或在同样的系统下受教育。此外，他们所受的训练重点在阅读、批评和文学史，而不是写作。

当这些人选择写作老师的时候，他们经常做出我认为错误的选择：选择故作高深的人、偶像型的人物、某种先进的或晦涩难懂的忠实信仰的倡导者。

我相信，把遴选写作老师的权利交给他们的同行时，写作计划的宽容性和教学的灵活性才能得到更好的体现。

既然创意写作的教学已经如此稳固地在大学和高校中扎

下根来，美国的文学是否已经受到了它的影响？

这很难说。不管是学生还是老师，大学里的写作其实跟任何没有商业压力的写作一样自由，没有什么不同。这是安全的，同时也是危险的，不管人们如何评价商业压力，它们确实诈出了一些狂热分子。

英语系里的小圈子则恰恰相反 —— 它鼓励试验（有时甚至过度），假定它比志在出版的写作更加"纯洁"。学院的写作计划并非总是闭门造车，但存在这种风险。

我非常怀疑席卷英语系的那种潮流 —— 从新人道主义到极简主义的一切对我们当下的写作到底有没有深刻的影响，因为写作毫无疑问比那种潮流更贴近生活。

不过，一个目光敏锐的评论家可能会发现，近四五十年的文学 —— 写作课正是在这段时间里开始在学校中扎根的 —— 越来越细化，对（欧洲意义上的）"学派"越来越包容，某种程度上越来越愿意"试验"，比如普遍地试验模仿乔伊斯，否则乔伊斯在美国的小说艺术中不可能有如此巨大的影响。

能不能详细谈谈，该怎么实际着手去设立一个创意写作计划？

"二战"末期，当我从哈佛搬到斯坦福的时候，我曾经被这个问题深深地困扰。突然间，我身边围绕着刚从部队里服过役的特种兵学生，比普通的大学生成熟得多，他们有更多的东西可写，因为在陆军或海军中失去了三四年的光阴，他们有一种紧迫感。

在一个离纽约三千英里、距旧金山一小时车程的地方大学里，面对这些拥有显而易见的天赋的人，我该做些什么，去帮助和鼓励他们呢？我有从哈佛、爱荷华和面包圈作家会议积累的经验，有密歇根大学霍普伍德奖（Hopwood Award）做实例，它们能引导我，而我从里面借鉴了一切。

首先，我需要助学金的预算，用来给写作者们节省时间，这曾经是古根海姆和其他奖学金计划的功能，它的存在毋庸置疑。

接着，我想我们需要霍普伍德奖这样的奖项，于是我们设立了类似的奖项。后来我们又废止了这些奖项，因为它们带来了致命的竞争，而且寻找有能力又有见地的评判者变得太困难。

然后，我们需要为来访者准备经费，不同的访问作家可能会在学校停留一天、一周或者一个学期。那些年里，我们请来了罗伯特·弗罗斯特、凯瑟琳·安·波特（Katherine Anne Porter）[1]、伊丽莎白·鲍恩（Elizabeth Bowen）[2]、侯尔坦丝·卡利舍（Hortense Calisher）、沃尔特·范·蒂尔堡·克拉克（Walter Van Tilburg Clark）[3]、弗兰克·奥康纳（Frank O'Connor）、马尔科姆·考利（Malcolm Cowley），还有其他很多人——有些人来过不止一次。他们给这个计划带来了数不尽的东西。像助学金一样，事实证明，他们不可或缺。

我们用剩下的钱做了什么呢？除了助学金、访问经费、很快搁浅的奖学金，没有太多其他的花销——对出版提供一点赞助，每年把年轻作者的故事和诗歌整理成书。

计划的其余部分跟标准的英语系惯例没有什么区别：从入门到精通的阶梯式课程，全部由作家讲授；学生有机会提交一系列故事、诗歌或者小说，当作文学硕士的论文。

如果你有天赋——斯坦福从来不缺这样的学生——这几乎就是你需要的一切。

---

① 美国小说家、散文家、新闻记者和政治活动家。她的作品有以《灰色骑士灰色马》（*Pale Horse, Pale Rider*）为代表的二十几个短篇小说和一部长篇小说《愚人船》（*Ship of Fools*），曾获普利策小说奖和美国国家图书奖。

② 英国小说家，代表作有《心之死》（*The Death of the Heart*）等。

③ 美国小说家、短篇小说作家和教育家。他是内华达州 20 世纪最杰出的文学人物之一。

这让我们不禁好奇，创意写作计划的教室里究竟在发生着怎样的化学反应？

不用说，写作课的一个功能便是让学生从业余的学习中提升，让他们接触到专业的目标和态度，不管是从老师、访问作家、课堂成员的人格中，还是从书本中。评判写作课成功与否，应当看它能不能让学生们驾轻就熟地运用语言，尝试语言的所有可能。

就像罗伯特·弗罗斯特曾经说的，人们必须明白能在多大程度上信任隐喻。过于信任，它会在你身下崩塌——让你体会类比的风险。除了这些，还有不少东西，可以在笔、纸和废纸篓的试验品中学到；而在写作课堂里，所有成员一起使用这个实验室。

另一个你可能会在写作课堂里学到的，是从批评中拾取和收获。当你所珍视的雄辩的口才被当成耳旁风的时候，你会作何反应？你应该记住，世界上有很多不同的耳朵，对你来说显而易见或者意味深长的东西，也许在别人耳中是无趣的老生常谈。

我有这样一些学生，他们从来不做批评，也从来不接受批评，否则就会变得满脸通红，言辞激烈——他们对别人的怠慢非常敏感，以至于如果不带着深重的敌意，就无法接受或者驳斥他们的作品。写作教师如果对此放任不管，这将成为毁灭性的病症，如果不好好进行疏通引导，就会让人不舒服。

如果批评会对你有这样的影响，那你很有可能无法成为一个作家，因为除了借助批评 —— 不管是自我批评还是他人的批评，一个人无法从其他地方学到东西。

写作研讨班会针对一份手稿展开批评。由班上一个成员提供主题，整个班组进行讨论，而老师则仅仅做温和的苏格拉底式的引导。这里没有讲座，只有讨论，幸运的话，它能够引发启迪或者共鸣。

实际上，这操作起来并不容易。在两个小时表面上温和而若即若离的参与之后，老师会有一种背着钢琴迈上楼梯的感觉。

也有这样的时候 —— 这甚至会出现在最有才能的学生中间 —— 整个班里会倾向于认为写作是一种业余的活动，写作课也一样。学生们还年轻，充满荷尔蒙，关注自己和周围的一切，他们喜欢享受时光，喜欢遇见下一个人。除非是一心一意埋头于写作的学生，他们总有很多其他的事情要做。

所以，有时候很难拿到足够多的稿件让课堂一直顺利运转，尤其是面对一个小课堂的时候。如果没有稿件，倒不如把课堂推迟。这一般会让班里的同学由于羞愧而忙碌起来，从而养成写作的习惯，而这也许是对写作者来说最重要的习惯。写作者必须为自己养成习惯，一个严格的截止期限就能帮他达成目标。

还有别的什么吗？老师可以平稳地压制住公开表白（这对有些作家很有诱惑力）和公开展示（具有同样的诱惑性）。课堂本身或许就能给他表现的机会。毕竟，如果你想要敞开心扉，把自己的一切和盘托出，你得期待人们听得进去——这也许能教给你一些东西：它能教你既不把自己的一切和盘托出，也不必跟从弗罗斯特的建议，而是像讲述别人的故事一样，娓娓道来。

总体来说，一个好的写作课堂运作起来就像参与出版流程一样。突然之间，一部稿子——刚刚还是草草写就的纸页——带上了尊严，呼唤着人们的注意。一桌人都在倾听它，你自己也在倾听，之前，你已经听过自己阅读它的声音。它经受过眼睛与耳朵的检验，如今在这群人面前，他们的观点你未必一直赞同，但你必须参与进来。

仅仅拿过一个故事，大声阅读，然后进行讨论，就能达到这样的效果。在作者眼中，这个过程更显得严肃和有价值。围桌而坐的团体也许是最好的观众，尽管在作者的一生中，他们不是最大的一批观众。

当然，出版本身让这个计划走得更远。任何写作在出版之前，都不算是完全真实的。看上去都是铅字字体，但出版的书籍可不是打字机打出来的，而是批量印刷出来的。真是了不起！当你的书出版时，它的价值比一叠打印出来的文件大了三倍。

每一个"做到了"的作者都会有上述体验。但是这一天也许来得很漫长。课堂里的发行是一种仅次于它的体验，而且来得更快。在一个学期里，可能每个人都能经历好几次，最终，它会让创作者走向成熟。

要点只有两个：严肃地对待每一段文字；以帮助它成就自我为出发点去批评它。整个过程不可能没有一点摩擦。你不能在一块肥皂上磨砺一把刀。

你曾经说过，老师的工作是"控制写作课堂的气氛"。你能谈谈如何做到这一点吗？

在一帮有天赋（而且常常固执己见）的人中间控制气氛并不容易。我时常想，这大概很像训练一匹血气方刚的马驹，它的天性就是奔跑。而你却把它关进畜栏，让它绕着圈子，拖着绳索跑。你既不能一把勒住缰绳，也不能让它肆意狂奔。那就需要你教它如何在限制之下奔跑，而它也会从其他马匹身上学会自我控制的方法。

看到没有？写作课堂里必然充满竞争。每个人都把自己的成功放在第一位，而像文学这样的事物，成功是完全个人化的。但是，如果你鼓励竞争，或者对它持放任的态度，那么任何人的成功都会招致嫉妒。

理想情况下，如果课堂气氛融洽，老师正确地展现了他的智慧，每个人的成功都会成为对他人的鼓舞。如果遴选得当，课堂里的成员应该有大体相近的天赋和平等的成功机遇。如果一个人写的故事登在了《纽约客》（*The New Yorker*）上，或者他的小说被热情地接受了，班上的其他成员有理由觉得自己也会有同样的机会。

他们会想，那个成功者并不比我更优秀。他拥有不同的天赋，但不见得比我更高。总有一天，他做到的我也能做到。

出于类似的原因，在气氛融洽的研讨会里，我曾经见到有人写出了他不可能再次达到的水准 —— 他的作品超出了自己能力的上限。秘诀是保持和睦的竞争氛围，确保个人的成功能够激励团体中的其他人，而不是让他们感到沮丧和挫败。

你怎么看待那些以语法、句法和诸如此类的规则为中心

的创意写作老师？

这里谈论的教学方法有两种。其中一种是下达清晰直接的指令——常常是矫正的指令——通过语言传递意义。这出现在"入门英语"的课堂或者为工程师和其他专业受训者所开设的说明文写作课里。

毫无疑问，它是绝对必要的，而且从没有做到尽善尽美。语法和句法中有它的基础，那就是语言的逻辑。（世上没有哪两种语言拥有相同的逻辑，但每一种都能在其内部自洽。）

不可避免地，这种类型的教学在创意写作课程里也占有一席之地。它包括基本的知识与方法，任何渴望专业且公开地使用自己的母语的人都应该熟悉它。我花了大量的时间和学生一起润色稿件，像出版社的编辑一样仔细，把文字清理干净，让它们看上去漂亮可人，防止它们的作者在公众面前露出衬衣的下摆，或弄脏自己的领带。

这不是真正重要的问题，然而却是可以传授的知识与技巧之一，而且它并非微不足道——尽管年轻作者们血气方刚，渴望自己的独创性得到释放，但有时也得承认遵循规则没错。

语法和句法在小说中比在诗歌中更重要，因为后者可以用大胆的跳跃来推进。如果一个小说作家丢弃了语法、句法和逻辑，就等于身处极度的危险之中，跟他想要传达的一切隔离开来。如果没法对他进行约束或指引，最好放他走自己的路，但他最好明白自己是在冒怎样的风险。如果他跟我说"不要尝试弄得一清二楚，顺其自然就好"，我至少不会放他轻轻松松走开，要跟他理论清楚。

所以，我认为，不管支离破碎的句法是源于无知还是源于对独创性的追求，都该受到质疑。毕竟，读者能看到的只是印刷在书页上的符号。那些符号必须构成意义 —— 故事或诗歌所拥有的每一层意义。

我们面对的是一个复杂的符号系统，这个系统中的每个元素，乃至停顿和细微的标识，都历经了长期的检验。它们的功能是帮助我们从冷冰冰的铅字中把人的耳朵听到的话语再现出来。你可以挑战这个系统 —— 甚至打破它 —— 但这是以把自己置于危险的境地为代价的。一个好的写作课堂能够帮助你发现什么是有效的，什么是徒劳的。

斯泰格那先生，再问最后一个问题：在发展学生技术的熟练度和影响他或她的文学意识、感受力、理解力之外，创意写作的老师能唤醒人的才华——让天赋真正展现出来吗？

老师也许没有这个能力，但有时课堂却能做到。不，容我细讲一下。才华是教不来的，但是可以被唤醒——通过阅读，通过跟其他人才的接触，通过在一个尊重和鼓励展现天赋的环境中展示。一旦它被唤醒，就能够被引导——除非它碰巧过于固执，这也时有发生。（如果它真的太顽固不化，必须容许它去走自己艰难的路。）

有句话说多少遍都不过分：写作的教学是苏格拉底式的。它的终点不是生产任何公认的风格或作家的复制品——当然更不是老师的复制品！它的终点是，在不仅仅是助长作者怪癖的条件下，让年轻作者身上的独特之处得到全面发展。

写作是一种社会性的活动，是理智和情感的双重交流。在最好的情况下，它是一种肯定——一种加入人类总体和人类文化的活动。这意味着，作家不仅要对自身有清晰的认知，而且要看清整个社会。

毕竟，语言本身是一笔代代相传、相互共享的财富。它可能会被戏耍、被拉伸、被强迫、被扭曲，但是作为一个作家或老师，永远不能妄言它是属于自己的。它是我们的，是生活的核心，又是生活的工具，它来自滋养着我，让我抗拒、挑战，最终又为之服务的文化。

但是，不，没有人能教其他任何人如何获得才华。老师所能做的一切是给学生设定更高的目标，或者让他们自己设定这些目标，然后，试着帮助他们达到目标。

对我来说，写作课是实施这种引导的最好的地方之一。

第四章　致一位年轻作者

　　你在信里就一些非常实际的问题征求建议，其中的大多数问题都不难回答。不，你现在还不需要任何代理人，以后也许会需要。没错，你也许想尝试从自己的书里截取一段，试着投给杂志，这完全是无害的，而且可能会给你带来观众，或者带来金钱，抑或两者都有。不，你没有理由不去申请一个可以申请的奖学金：古根海姆、萨克斯顿，或者鉴于你是个新手，申请某个出版社的奖学金。同样地，你也有资格把你的书提交上去，竞争任何一个奖项，以得到文学艺术庄园的准入许可，比如投给耶多（Yaddo）、麦克道威尔文艺营（MacDowell Colony），或者亨廷顿·哈特福德基金会（Huntington Hartford Foundation）。即使在上述几个地方居住很短的一段时间，也会让你有地方生活和写作，让你能有几个星期或几个月的时间逃脱令人如坐针毡的不安全感。当然，我会为你给上面任何一个地方写信，我肯定也会把你的信件寄给出版商，如果我们有个时间碰巧都在纽约，我会很乐意把你引荐给两三个办公室。

不过，当我说出这些话的时候，我会感到，你没有听到你真正需要的话。我猜，你给我写信的很大一部分原因是渴望得到肯定：你的自信心突然一阵寒噤，感到手心发汗，你从自己的书里抬起头来，环顾四周，被突如其来的恐惧击中。你想听到别人说你是优秀的，所有那些困难、挣扎和沮丧或早或晚总会消失，最好是马上消失，取而代之的是安全感、名望、信心，自己的工作得到肯定。你深信自己某天会出人头地，成为这个世界上一个有头有脸的人物。如果我的忖度不尽正确，请不要往心里去，我在跟你一个年纪的时候就是这样想的，甚至现在还有这种想法，而且这样的想法可能永远挥之不去。

我可以告诉你，你确实很优秀，你的作品不应该得不到出版。要知道，出版者大都了解文学，而且很有智慧，他们中的大多数肯定看到了你小说的品质，而且肯定有一个出版人会愿意出版它。不过诚实地讲，我也只能做这样的保证了，因为我猜想，他肯定也对商业利益有一点期待，不管是为他自己还是为你。

　　我自然不会说出像文学价值与流行、大众化不可兼得这样的傻话。事实证明，这两者常常是相容的，但是，在处理一些普世的触动人的点 —— 幽默、感情、暴力、性爱、恐慌 —— 的时候，我们心仪的作家总能把它们上升到艺术的层次。莎士比亚、拉伯雷（Rabelais）和马克·吐温从来没有费尽心机美化普罗大众的东西，或者试图赋予其意义。如果触动你的点与常人不同，那是你的不幸（当然也是你与众不同的优点），你的优点跟芸芸众生不同，甚至跟读者也不相同。不管我们会怎么想，不带粗俗的克制、内心的宁静、同情和幽默，以及不过分泛滥的感情 —— 都是普罗大众的鱼子酱。

　　你写得比成百上千个早已名声在外的作家要好。你理解自己的人物，理解他们不言明的想法，而且你敢于确保他们的话有自己的言外之意。无须欺骗、嘶吼，或把激情撕成碎片，你就能让读者警觉地参与进来，这就是你小说的影响力最有力的证明。其他作者只悸动一次的地方，你却能思考十次以上。

　　你能做得如此冷静、完美，让人很难再提出什么要求。你已经拮据地生活了十余年，终于发现自己的才能肯定是被低估了。

　　在娱乐圈摸爬滚打五年十载和在医学或法学专业苦读

十年八年是一回事。一个人大可以高高兴兴地去做，因为随着时间的流转，一个有天赋的人可以期待在这些行业里摘得桂冠。我猜想，你肯定也看见了前方渺渺的桂冠的微光。毕竟，每个出版季都会有人赚得盆满钵满。而你七年的学习生涯和写这部小说半年的学徒期，至少应当稍微赋予你一些期待。

由于职业的缘故，我对你的受教育情况有一些了解，而且我知道它重量几何。文学教育甚至未必能培养出一个好读者，更别提好作者了。但在你身上，它两者都做到了。你是一把磨过的刀，随时准备，并期待着投入工作。

首先，你从来不用写作进行自我表达，那意味着自我放纵。你从一开始就明白，写作是由词语和句子完成的，于是你花了大量的时间去锻炼自己的耳朵，书写，然后重写、再重写，直到驾驭语言就像用舌头和嘴唇改变口哨的音调一样自然。谈到你接受的这种教育，我要表示一下尊敬，因为每年我都能看到一些不屈服的学生——他们只是自说自话，一心想要表达自我，从来不为英语这种语言做出一点点让步。英语是一种困难的工具，想要熟练地使用它，别无选择，只能踏踏实实学习，在明白这一切之后，你做了别的事情，你强迫自己脱离自我沉溺，能做到这一点的作家凤毛麟角。你努力让自己掌控材料，而不是顺从材料，从而陷落到浪漫的谬见里。一个人顺从语言，也就顺从了相关的规训，而你学会了疏离，学会了如何避免让自我把故事搅成泥潭。

这是学校里的写作课曾经教给你的。它也有可能教你一些不好的东西，也许会把你变成一个小圈子里的作者，也许会给你打上借来的风格的烙印，或带上某些文学势利眼的傲慢态度，也许会让你永远成为贫乏者或依赖者。有多少次，我见到年轻人疯狂地想要破坏他厌恶的父辈的语言；又有多少次，我冷面回绝了变成一个代理父亲的请求。我被迫阅读了无数在思想上退缩束缚的作品。无数年轻作者的作品只是为了追寻和呈现一种并不存在的人格。

而你，你的作品里没有任何上述缺陷。你的作品条理清晰，笼罩着光芒与同情，没有自我溺爱和顾影自怜。你知道自己是谁，而且知道自己很优秀。你从未怀疑过 —— 尽管你可能踟蹰彷徨，但那不是你的错。迄今为止，从你的所有作品里，你大概赚了五百美元，靠着两篇短故事和一篇旅行文章。为了支持学业和写作，你过得很勤俭，很少得到鼓励，冒着不被家庭认同的风险 —— 可以想象，他们肯定说过："这个姑娘都快三十了，还没结婚，没有正经工作和职业，把大好光阴浪费在写作上，生活就这样从她指尖溜走了，而她一直坐在冰冷的房间里，对着一个打字机，变得腰弯背驼。"所以现在，当你的小说终于完成的时候，你深深渴望有一些收获：获得一些好评，得到批评家的关注、鼓励，拿到足够多的稿酬，以便支持你继续生活和写作。

你有资格获得这一切，但你可能收获很少，或者一无所获。毫无疑问你会得到赞赏，但有些循规蹈矩的评论者也会毁谤你，那些轻佻光鲜的年轻人则会乜斜着眼告诉你，在通勤巴士上阅读这本书时，纽黑文的酷热有多难熬。以最乐观的态度估计，最初，版权页显示出版商通过努力预售了 2700 本你的书。而六个月后，又会带来有 432 本书被退回的新闻，这一切让你感觉，八九个月前你花掉了预支的几千美元，现在手头已经有些吃紧了。

你知晓所有上文所述的可能性，因为你没有自欺的习惯，你见识过这些事曾经发生在你朋友身上。无论如何，请学着把这作为一种可能性去接受吧。

既然看到了可能出现的晦暗的前景，仔细考虑一下自己的选择吧。如果继续像你之前那样写作——缓慢、细心、长时间地思考和润色——你需要某些补助：奖学金、预付款、一份工作，或者别的什么。依照事物的本性，你的大多数替代选择都是临时的。在这些可能的工作中间，也许教书是不错的选择，它工作时间相对灵活，而且有寒暑假。你能获得训练，拿到职称，不过我不建议你去教书。首先，你太过认真，以至于工作可能侵占你所有的时间。再者，我非常确信，你只有在时间充足时才能安心写作。你蒸馏萃取的过程非常缓慢，短短的假期完全不够。所以，毫无疑问，你会尝试申请补助或者参加作家计划，度过一两年的时间。

那以后会怎样？谁知道呢。你的书可能卖得不错，侥幸过关；你也可能从事一份在别人出门旅行时帮忙照看猫咪的活计；你可能每工作一两年，就能攒下一笔钱，这样第三年可以全职写作；你也许会结婚，你甚至可能在婚后继续写作，尽管这不太常见。出于同样的原因，你也许会发现婚姻和孩子能带来如此强烈的满足感，让你没有了写作的冲动；或者你遍尝了婚姻和家庭的喜悦，在孩子长大之后，又重新拾起笔继续写作——你我都知道谁曾经这样做过。不管你怎么做，我能想象，你总会捉襟见肘——因为钱，因为时间，因为空间。但我认为你能克服它。而且相信我，这都不是新问题。会有人陪伴你一起度过。

不结婚算是一个替代选择，却不是解决问题的办法，你也许会对自己说，你无法忍受这样狭窄、灰暗的生活，你会改变自己的性情和品位，在你的书里加上煽情、暴力、冲击、性爱，或者其他吸引读者的话题。我怀疑即使你想要这样做，你也做不到，你不应该做这样的尝试，因为这与你的天性相悖。如果不全身心地投入，从本性上说你便无法写作。你第一部小说里最微妙的优点，便来自你全身心的投入，一种强烈的信念。模仿某些畅销作家也有人会成功，但放在你身上却不适合，因为那样的话，你就与自己尊敬的作家渐行渐远了。

你就像一把扫帚这样的工具。没有把手，帚刷就毫无用处，而扫帚只适合打扫卫生。你命中注定会做一个严肃的作家，严肃地看待生活，并把生活讲述给少数听众。其他类型的作家也可能存在，但你属于这种类型。你的同胞里不会有太多人会读你的书，知道你的名字。像你这样的作家从来不会长时间地面对众多观众讲话，甚至我不建议你对自己的后代喜欢阅读你的书寄予太高的希望。你只对擅于深思的读者讲话，而且不止一次，你会问自己，这些读者是否真的存在？为什么我，像在空荡荡的剧院里独自演戏的发疯的演员一样，没有听到任何回声？

不过读者确实存在。雅克·巴尔赞（Jacques Barzun）满怀信心地猜测，在美国至少有三万个严肃作品的读者，尽管他们可能渐次出现，而不是同时现身于某个出版季；尽管你跟每一个严肃读者都相遇的可能性如同跟踪到美国所有现存的麋鹿一样微乎其微，但哪怕找到一个，你都会倍加珍惜。一般而言，这些读者会倾听你说的话，而不要求你人云亦云，也不逼着你讲出某些时髦的行话。他们就在那儿，分散地坐在看起来空空荡荡的剧院里，侧耳倾听，有时发出微小的声响。你要对他们心存感激。不过，无论你有多么感激他们，永远永远不要为了取悦他们而写作。

在你有意识地为某个读者写作的那一刻，你会开始考虑自己写下的东西是不是读者期待的。而读者的美德在于让作者自己决定应该写什么。你听过弗兰克·奥康纳关于私人艺术和公众艺术区别的讨论，除非将小说舞台化或者通过无线电广播大声念出来，小说本质上来说是一种私人的艺术。读者跟作品的创作及倾向没有关系，你不会通过一次民调测验或者在波士顿、费城做一次操作测试，来决定自己应该把什么放进小说里。相反，你通过思考和感受找到自己通向某个情境的路，或者让它找到通向你的路。从关系网的内部，从你的性格的深处，用想象向外和向前进行创造。

你用写作来满足你自己，满足你已经启动的那种情势的必然性。你在强迫症下写作，没错，这种强迫来自你自己创造的情势，而不是出于个人的厌恶、妒忌或恐惧。你是为了满足自己而写作，但是在写作的时候你明白，在遥远的某个地方，有一个听众——奥康纳所说的坐在扶手椅上的人。他响应你响应的一切，了解你了解的一切。尤其是，他倾听。他身在别处，他是一双耳朵。除非有人喜欢听他读你的书，否则你的写作一无所用。你的作品就像一棵倒在茫茫森林中的树，不会被人知晓。

尽管如此，我再强调一遍，除了模糊的想象，除了对远方的他心存期待，忘掉他吧，不要写你认为他会喜欢的东西，写你想写的东西。在你的书出版的时候，你至少会收到一封信。运气好的话，随着其他书的出版，读者的数量会越来越多。不过，对你来说，他永远是一个孤独的读者，一双耳朵，而不是一个观众。康拉德说，文学是写给气质相投的人。你的书总会找到它能倾诉的人的。

你可能仍会问，为什么要费心跟一个虚无缥缈的灵魂接触——你可能永远不会见到他，除了在你的希望里，他甚至根本就不存在？为什么熬过了十年的小说学徒期，却发现这个社会根本不珍视你的工作，甚至你赚不回基本的生活费？当你问这些问题的时候，我不会指责你。

你小说中的种种——一段充满深情的关系、爱情的丝丝缕缕、有趣的家庭聚会、挚爱的祖父临终床前发生的事——比起发生在剧院里的事情，它们更像发生在教堂里。小说总是在戏剧与哲学的两头移动。在你的书里，更多的是哲学思考而不是娱乐消遣。它是严肃的，甚至是悲伤的，它的颜色和光线如天边暮色。你对契诃夫的爱并非一无所得——也许你把他想象成了坐在扶手椅上的读者，在你向他讲述那些看起来平平无奇的事物的时候，他会倾听：爱情如何走下去，却逐渐变了味，生命如何充满了热血和沮丧、事业和成功，而死亡是多么冰冷和安静。你谈得不多，言简意赅，但说出了你理解的自己和人类生活的一切。在你的小说里，你的人物活在书页中，他们被爱，也被充分地想象。

你的书是戏剧化的信仰，在日常生活中，我们很少像这样与其他的性格和其他的头脑有如此私密的接触，有些场景会产生冷酷的震动——开始可能让人难堪，慢慢地人们才能认可接受。是的，这就是它发生的过程。

我喜欢你的小说带给我的那种私密的了解的感觉。毕竟，除了确认自己的归属，我们还会追求别的什么呢？当世界摇晃着滚滚向前的时候，除了与某个能够倾听而且理解自己的人相联结，还有什么能让我们停下来，挺直脊梁，以某种方式完成自己呢？我曾经在别的地方说过，美学经验是一种结合的经验，就像爱情一样。我深深地相信这一点。

对于那些追寻身份认同的人来说，最坏的事情就是，除了身份认同，没有别的追求了。也有很多人尽力逃避它。

我猜想，对很多人来说，肉体之爱是我们对身份认同那无可救药的厌恶最简单、直接的表达。有些人感到自己归属于自然世界，他可以做动物的兄弟、树木的表亲；有些人则把自己托付给上帝的国度。这些都很丰富，但对于你，我想，这都不够。对你来说，必须归属于人的国度，必须归属于艺术。就像你刚刚完成的工作一样，除了将短暂的经验蒸馏、净化成透彻、令人动情的小故事，你无从索取，也无从给予。这也给了你那些不同寻常的读者一个机会，走进这孤独的痛与爱，走进幻想与人性的可能性。

然而，难道这还不够吗？缺少发自内心的渴望，这是否能实现？

第五章　向所有不合时宜的语言说再见

　　并不是所有对当代小说家笔下的性描写感到痛惜的人，都是在反对性行为，或者反对描写性行为。有些人希望性描写在小说里得到更高的尊重，希望"高潮"这个词保留它的字面含义。同样，并不是所有质疑语言自由的人，都反对强大的语言本身。我们中有些人之所以反对无限制的语言自由，恰恰是因为他们在意语言。

　　我承认，我这一生中说了不少骂人的话，而且把它们放进了我的书里，意在捍卫艺术家的自由。我曾经热情地拥抱上流社会传统的式微，欢迎带有坦率与诚实的语言对严肃文学的入侵，我曾经想鼓起勇气在一位女士面前说"狗屎"，有时我的确说出了口。

　　语言并不污秽：命名事物是正当的言语行为。"直率”并不是指“粗俗”，就像“不合礼仪”并非是指“肮脏”一样。实际上，粗俗（vulgar）指的是“平民的”（common）；不合礼仪（improper）指的是“不合适”（unsuitable）。在正确的情境下，任何词语都可以使用。不过任何种类的词语，尤其那些至今仍忌讳扎眼的词，如果随意散落在书页里，就会像趣多多饼干上的巧克力颗粒一样，显得不合时宜。使用淫秽的词语不是过错，但把载满负荷的词语用在了错误的地方，或用错了剂量则是。罪过在于错误地加强了语气，这不是道德问题，而是情绪外露导致的。做广告的人在路边铺满了霓虹灯标志，让你找不到你想找的酒吧或烟酒商店，与任何一种过度一样，这样的修辞很快变成了滑稽剧。

如果我习惯性地在女士面前说“狗屎”，那么，在交通拥堵的时代广场或者金门大桥上面对漏气的轮胎，我该说什么？当看到世界的不平等被揭露，我又该说什么？

我当了很多年的写作老师，在某种语言现象刚萌芽的时候，我就在观察。以往的情形曾经是，本着对女性的尊重，在课堂上，当男性成员试图炫耀、言语粗俗的时候，老师要试着保护女性成员。几年前，弗兰克·奥康纳和我商定了一个制度。我们无意约束学生们对主题和语言的选择，也没有在阅读和讨论前删减或涂改他们的习作的欲望，但与此同时，我们又必须照顾跟我们的女儿差不多年纪的女孩，于是，我们宣布，任何在朗读时可能会让人感到难堪的稿子，必须由它的作者亲自朗读。

这根本不算禁令，而是一个邀请，而且不只面向粗俗的男性。为了临床的观察，为了坦然地接受自然的生理功能，为了让杰作在涂鸦中脱颖而出，为了大胆地使用语言，一个人必须鼓起勇气说话。

某些词语注定不会平平淡淡。就像房子里总会有卧室和厕所一样，污言秽语是一种文学资源，是表现强烈情感时脱口而出的方式。它们不会每隔十秒就出现一次，也不会比 —— 当然诺曼·梅勒不在其列 —— 性高潮来得更频繁。

我不会在女士面前说脏话，我要寻找的是仍然带有尖刺的词语。尽管对一个作家来说，能使用任何词语终归是一件高兴的事，但我依然要去探索那些潜埋在约束之下的可能性。

我的伯父是个农民，从学说话开始，每句话都要带几个脏字。有一天，他干活时离圆锯太近，被割掉了半截手指。我们都吓得呆若木鸡，他则立在那儿，注视着鲜红的血柱从自己手上喷泻出来。然后他开口了，而且并没有大叫大嚷。"噢，这鬼东西。"他说。

我想，比起某些小说家，他更能理解"强调"二字的意味。

第六章　作家的观众

出版书籍的作者，就像手握发射器，却没有接收器的人一样，他向全宇宙发送广播，却不知道所发出的信号是否找到了一双耳朵。他写下自己的名字，放进瓶子，塞上软木塞，放在大海上让它随波漂浮，期待某个地方会有一个笔友，在未知的岸边捡到它。如同在大峡谷丢下一根羽毛，等待听到一声巨响。

这不是对公众无视作品的抱怨。这只是在承认，写作是一种私人而非公开的艺术。就像最近我收到的那封信，寄信人来自纳帕，写信的人似乎在对他的冒犯表示歉意："这是我唯一一次写信对一位作者表示感谢，因为在我看来，似乎一位作者必须孤独地生活，远离他的读者，不用弄清楚读者是否读懂了他的想法。"

说得没错。与作者相反，演说者甫一开口，就知道自己是不是在与观众互动。他的观众就在眼前，他能看到他们的眼睛，听见他们的笑声、低语声和嘘声，他能看到他们脸上流露的神情，透过可见的行为知道自己是成功了、失败了，抑或没有激起任何波澜。音乐家、演员、朗诵的诗人也能做同样的事，因为他们从事的都是公开的艺术。就连画家和雕塑家，在面对公众时也会展现出某种表演的特质，因为图像艺术家常常在画展或自己的工作室里展示作品，他能直接看到作品对观众产生的影响。聆听自己作品的作曲家也同样能这么做。

小说家和历史学家却没有观察自己读者面部表情的特权。阅读是私人的，甚至是孤独的，这已是心照不宣的认识。尽管现在仍有一些家庭保持着大声朗读的习惯，但作家并不当众朗读。有时小说家同时也是表演者，就像狄更斯（Dickens）和马克·吐温，他们常在讲台上朗读自己的作品，这又另当别论。在他们那儿，小说艺术已经回到了它最原初的形式：口头故事讲述的艺术——一种公众艺术，一项表演。

也许能让小说写作与公众艺术产生交集的唯一场合，是斯坦福或者其他高校的创意写作课堂，在那儿，作者向他的同侪朗读自己的习作，期待收到观众的反馈，否则他只能靠猜度来衡量自己。不过，这是一个特殊的人为创造的情境。一旦离开工作坊，写作者便不再有机会收到直接、睿智的反馈了。在他的余生里，他会沿着山脊上上下下地攀爬，在峡口抛下羽毛，等待听到回声。

小说家的观众不是熙熙攘攘的人群，而是扶手椅上的每一个个体，他们完全面目模糊，不可能被想象或预测——若非如此，作者就会承受出版商所施加的压力，去迎合特定读者的特定需求。事实上，所谓的特定读者也是一种分类。显然，读者倾向于根据自己阅读的书把自己归类。显然，女性读者比男性读者要多。某些时候，在某些文学潮流、危机事件或社会思潮的冲刷下，所有阶层的读者会像通电后的离子一样聚在一起，比如 20 世纪 60 年代有关约翰·F. 肯尼迪（John F. Kennedy）和与种族有关的书，会自动地被大众接受。

但是如果你的书根本没有涉及约翰·F. 肯尼迪或者种族关系会怎么样？实际上，即使涉及了，你也搞不清楚究竟是谁在读你的书。你的书也许被关在一个乘免费航班前往拉斯维加斯赌场的老夫人的手提包里；也许躺在一个希望得到某个角色的电影演员的梳妆台上；也许一个家庭主妇因为它耽误了洗碗，一个纽黑文的上班族拿着它上了通勤车；也许一名牧师拿着它，在字里行间寻找现今道德沦丧的证据，一个牧师的妻子则用它寻找替代性的刺激。除了上帝，没人知道谁会读你的书，除非某个人对这本书的喜爱或憎恶到了忍不住给你写信的程度。

我想提醒你，文学写作有一些特质，创作者与观众的距离跟其他所有艺术都不同，甚至跟音乐也不同。首先，文学写作把语言当作工具，而语言是人类所有发明中最精微细密的。套用行为科学家的术语，文学是"语言捆绑的"（language-bound）。它的观众被自动限制在说同样语言的有文化素养的人中。当然，这也意味着某种程度上，在识字率不那么高的社会里存在阶层限制；它有空间限制，因为语言是有地理边界的；有时间限制，因为语言会僵化死去。文学会在某种文明的边界上停下脚步，或者随着文明的死亡消散。尽管翻译能消弭地理上的界限，让它在时间中得以存续，但翻译只能保留它的魂魄或幻象，而不是真正的文本。罗伯特·弗罗斯特把诗歌定义为在翻译中所失去的东西。

与语言的媒介相关的是我们用来书写的象征系统——也许除音乐符号之外，这种象征系统是一切艺术中最复杂的。跟语言不同，建筑与图像艺术不仅超越时间和空间，也天然地具有强烈的指示性。克罗马农人（Cro-Magnon）在拉斯科洞穴的岩壁和洞顶上描绘的公牛，尽管已经存在了两万五千多年，比我们所知的任何语言、任何历史上的文明都要古老，但它带来的震撼却不亚于昨天刚刚完成的作品。想要在语言中再现这些公牛所表现的力量和动感，在任何时候都是困难的，相比绘画里公牛那浑身的肌肉、那蓄势待发的牛角和瘦削的侧腹，语言这种艺术过于微妙和婉转了。它包含着好几层指代，"公牛"这个词的声音指示实际的事物，书写符号"BULL"组成这个词语，这包含一整套约定俗成的复杂响应。词语的编排复杂，也同样不能永远留存。

再次，文学写作就像造型艺术（而非表演艺术——存在于时间而非空间之中），因为它会遭到无数次审视。一个人可以转过身去，刷新自己的记忆，纠正错误的印象，串起前因后果——这意味着落在纸面上的故事必须一丝不苟，而口口相传的故事就能容忍很多结构上的缺陷。

最后，在创作文学作品时，创作者不会因为观众的参与受益。艺术家与观众美学上的会面不是在大庭广众之下，而是在掩蔽的门之后——我已经说过，实际上根本不会有会面。没有一唱一和的回应，不会借由重复、强调抑或催眠而获得什么。台下翘首以盼的观众可能会促使演员或演讲者超常发挥，作家则需要自己创造托起自己的气流。公共艺术的观众有时像暴民一样，相互裹挟着向前，有时候也把创作者裹进人流之中，作家则很少能够感受到观众的那种愉悦，这种间接的感受总是在事后姗姗来迟。

作家当然想知道自己是在向谁吐露心声，有时候他努力对着特定的读者群说话。尽管有各种陈规和标准的束缚，美国仍是一个广泛而多元的社会，存在数百种"特殊文化"，它们有的具有地域性，有的有道德伦理的源头，有的则受到教育、潮流或外来的影响。因此，颓废派可能会为颓废派写作，性解放者可以为性解放者写作，路易斯·阿达米克（Louise Adamic）会为南斯拉夫人写作，历史学者会为内战迷这些特殊而专注的读者写作，摩门教徒会为摩门教徒写关于摩门教的东西，犹太人会为犹太人写犹太教的东西，现代知识分子则会为现代的知识分子写关于他们的一切。不过总体来说，这些都不是理想的读者，他们中有些会被埋没而且即使作品来到了这些特殊的读者手中，作者也很难知道自己的作品是否被其他人读到了。

我可以举一个例子，来说明作者对自己的读者误判到什么程度。弗兰纳里·奥康纳（Flannery O'Connor）几年前写过一篇文章，为她小说的怪诞离奇辩护。她的说法是，对于精神上浑浑噩噩的人，你得尖声喊叫才能让他们听见。她扭曲人物和事件，其作用跟冲耳背的人大声喊话一样。不过，我却从没见过哪个弗兰纳里·奥康纳的读者是精神上浑浑噩噩的。我认识的她的读者都是相当警觉的，也许同她本人一样警觉。他们读她，不是为了给自己不称职的耳朵灌输高分贝的信息，而是让这些信息在自己正常的耳朵中回响，刺激自己的神经。所以，奥康纳小姐实际的读者似乎跟她假想的读者是全然不同的两类人。

作者同读者之间的中介自然是书评家，他们解释、甄选和评判，推荐或批驳，尽管一篇健康的评论文章对于健康的作品来说是至关重要的，评论家却不见得总能尽好自己的义务。上述温和的抱怨不是对小说家与批评家之间那场持久战的简单的随声附和。我同意契诃夫的观点，小说家不会从批评家那里学到任何东西，批评家是那群让耕马烦躁得不能继续犁地的苍蝇。海明威所说的趴在文学身上的虱子，放在有些评论家身上简直再恰当不过。当然，在整个文学生态里，他们有自己的作用，然而如果他们确实起到了那个作用，人们就会呼叫防治虫害，朝他们喷射杀虫剂。但问题是，他们喜欢群起而动〔不过著名而高贵的马尔科姆·考利和埃德蒙·威尔逊（Edmund Wilson）不在其列〕。他们争夺某些刊物，垄断批评市场，就跟杰伊·古尔德（Jay Gould）① 垄断黄金市场的做派一般，于是，一

① 绰号海盗大亨，19 世纪美国铁路和电报系统无可争议的巨头，"镀金时代"股票市场的操纵者。他 1869 年对黄金市场的狙击导致了被称为"黑色星期五"的大恐慌。

种单一的批评姿态便得以统治十余年之久，只有特定的书籍会得到赞扬，一些特殊的词汇迅速蔓延。一旦聪明伶俐的毕业生学会了这种腔调，他们提笔写作就只是为了取悦那些手握权柄的批评家（这是一种紧盯着自己目标观众的写作）。

如果对评论持异议的声音不绝于耳，那就证明，上面的说法是对的。在一个如此多元的国家，我们应该有多元的文学和多元的文学评论。而实际上，没有什么比我们的文学评论更容易受时尚和陈规的左右了。尽管（或者说正是因为？）目前占据主导地位的批评家夸张地立于话题的两极，而且影响着世界的风格，但是我们正在接受的是本质上单一的文学、道德和美学观念。两者的结果到头来并无二致。即存在一些失语的角落：那些发出声音的作者不是被扭曲，就是被忽略了，许多在当代作品中找寻自我的读者，甚至找不到同类人。他们阅读那些批评家们所称许的作品，发现不是古里古怪就是令人反感，有的甚至让人恶心。他们鼓起勇气表达自己的个人品位，却遭到饱学之士的嘲笑。

这里请允许我做一个重要的表态，以免听起来像抱怨被纽约知识分子玩弄于股掌的中西部地方主义者或南方农人。20年代的埃德加·李·马斯特斯（Edgar Lee Masters）

和维切尔·林赛（Vachel Lindsay）会有相同的感受，时至今日，一个像唐纳德·戴维森（Donald Davidson）那样的南方农人也会有相同的感受。然而，这不仅仅是因为出版和批评机构集中在纽约，我正在谈论的也不是知识分子本身的问题（尽管有时候他们无知而且自负）。曾经，就算出版行业集中在纽约，其他团体也能成功俘获评论机构。曾经，地方的小杂志也发起过革命。不管领一时风气之先的是写实主义、意象主义、地方主义还是现代主义，重要的是包容不同的意见，开放地面对各种各样的文学表现形式，不管是实验的还是传统的，给压抑的作者和沮丧的读者以发泄的通道。

长时间以来，这是一个显而易见的缺憾。小说家甚至看到自己的作品被评论就心生苦恼，这些评论甚少褒扬之辞，有时候屡出惊人之语，用骇人的花招去吸引眼球。评论杂志逐渐式微。《星期六文学评论》（*The Saturday Review of Literature*）变成了《星期六评论》（*Saturday Review*），还把版面减少了三分之二，而《纽约时报书评》（*The New York Times Book Review*）变得越发枯燥，整个国家的人都抱怨它的乏味，于是在《纽约时报》罢工期间，《纽约书评》（*New York Review of Books*）诞生了——对很多人来说，这意味着希望。然而渐渐地，《纽约书评》也被某些团体控制了，而且似乎越来越成了《党派评论》（*Partisan Review*）的兄弟杂志，即便它保持着较高的水准，符合我们的期待，它的策略也一直是给一小部分书籍留下更大的版面，而对大部分书籍视而不见。我们需要的是《伦敦时报文学增刊》（*London Times Literary Supplement*）这样的杂志，眼界宽广、影响广泛，对众多新书有要言不烦的、负责任的关注。

　　拉拉杂杂说了这么多，归结到一句话就是，尽管写作只能从作者出发，作品却必须超越作者本身。最终，作者必须为扶手椅上的人写作，他必须知晓对方的存在，又不试图去定义他。我想，这样的读者会是跟作者非常相似的人，可以这么说，作者为了取悦自己而写作，他让读者能够寻找自我。在这种意义上，扶手椅上的人也是一个他者，这让一切变得不同。作者在寻找读者，同时也在寻找与读者沟通的形式，通过创造过程中的尝试和失败，最终某些东西会被触发，会被读者欣喜地发现。尽管目前整个文学界让人备感压抑，但如果书籍言之有物，发现的奇迹就有可能发生。我曾经在别的地方说过，文学创作最初并不是一块宝石，而是一个透镜，可以穿过它看到对面，透过它，我们与书写它的那个人身上最好的品质不期而遇。这种相遇是私密的，发生在私人的场合。

第七章　也谈技巧

要写一篇小说，杜马斯说，你需要激情和四堵墙。他也许会补充说，要找到激情，你需要找到陷入困境中的人，一个爱恨交织、抱负与渴望共存的情境，还需要某些亟待解决的冲突和问题。初涉写作的人可能会摸不准自己真实的状态——他手上只有主要情节、一组人物、一个地点、一种气氛和在脑海中萦绕不去的一些想法。在一篇小说里，他甚至需要用开始的几个章节来逐渐摸索自己的状态（尽管按照伯纳德·德沃托提出的小说公式，应该丢掉前五章，直接用第六章开头），但对于短篇小说，情境必须在第一时间确立，因为跟一般的小说不同，短篇故事必须撒开脚丫子跑，必须从一个斜坡上开始，离结尾越近越好。

没有任何一个情境能够脱离前因后果而存在。这是指，脱离前因后果作者就会因为内在的前后拉扯踟蹰不定。他必须至少处理一些过去的素材，这在虚构的技巧中被称作"总结与阐述"；他也必须处理戏剧性的当下，这被称为"场景描写"。总结与场景都是虚构出来的，但两者都不简单。

创造一个场景，就是把你的人物放在舞台上，让他们演自己的故事。视角可能不是完全客观的——也许我们小镇的舞台监督正在什么地方闲逛——不过在本质上，任何场景都是戏剧化的，它遵循乔治·M. 科汉 (George M. Cohan) 那众所周知的忠告："不要讲述——要展示。"场景必须在每个侧面都说服我们，这意味着人物必须是可信的和前后一贯的；对白必须接近真实的谈话，又不会被真实谈话的无趣、愚蠢和重复拆得凌乱散漫；行动必须直截了当，而不是瞻前顾后，枝节横生；内在的逻辑必须把整个场景的开始、发展和结尾拧在一起；背景设置必须勾起人们的感官反应，不允许它弱化或者被遗忘。如果有任何一个客体足够重要，并因此被提及的话，必须让它物尽其用。就像契诃夫说的，如果你在第一幕的墙上挂了一把枪，这把枪在结尾之前必须开火。如果一个场景里有一个壁炉，那么人物必须用它来烤火，或者倚在壁炉架上，让它在舞台上起到真实的作用。

用老套的课堂方法，诸如做整个描述性段落的练习，尝试背景设置或者人物塑造，一个人大概无法掌握上述技巧。很多元素需要交织在一起，很多气球需要同时飞在天上，一个段落也许包含一些动作、几句对话，其内容能凸显叙述者的特征，背景中包含细节的感性认识和对过去的回望。任何小说里都缠结着描述性、叙述性、戏剧性和说明性的碎片。而现代小说甚至把情节概括编织在场景里，让一切变得更加复杂。

之所以这样，是因为情节概括本身是迟钝的。事件已经发生了，因而没有正在发生的戏剧性带来的兴奋感。如果处理不当，就会因笨拙的过去完成时暴露自己，变得僵化。但如果处理得当，情节概括甚至可以制造一种悬念，因为悬念靠的是掩盖信息，是拒绝回答读者心中的疑惑。如果作者牢记"永远不要解释太多"，在解释的时候旁敲侧击，每次透露一点点，他就不会在总结概括过去的情节时，让故事戛然而止。

这里有几条经验法则，其中一些上面已经提到了：

1. 从事件的中间开始，以动作开始。

2. 持续描写动作，不要让意义侵扰动作；让意义通过易卜生（Ibsen）所说的"掩盖"的技巧，通过暗示点滴地渗入场景里。

3. 永远不要过多地解释。如果读者不能用自己的大脑和想象参与其中，他们会有被冒犯的感觉，故事也将丧失不少悬念。

4. 不要介入自己的故事。选择一个视角（尤其对于短故事来说）并且一以贯之，对你自己的故事，任何人都比你有处置权。

5. 不要卖弄自己的风格。文风需要匹配的是人物和情境，而不是你自己的风格。这同样适用于淫秽和亵渎的词句。人物和情境在哪里召唤它们，它们就属于哪里。如果它们出现在别的地方，那只是作者在哗众取宠。

6. 在寻找词语替代"说"这个词的时候，除了戏剧幻象的破灭，你可能什么也得不到。"说"是一个近乎透明隐形的词，其他词则在文中过于显眼。

7. 让一个故事结束就跟说晚安一样难。学会干净利落地结尾，不要留下残羹剩饭，不要拖泥带水。

第八章 《进城去》——一个实例

今天晚上，我要做的，是阅读一篇故事，围绕它做一些讨论，在这个过程中，我们精练地归纳一下小说的性质和作用。

从诞生之日起，小说一直毁谤随身。新英格兰的清教徒们认为它是危险的谎言，至今仍有人这样看，当然有的小说确实如此。"实际的"美国人，多数是男性，倾向于把小说看作无关大局的矫饰，一种女性化的消遣，是生活的装饰，而不是架构生活的柱梁，有的小说也确实如此。有些作者之所以写作，有些读者之所以阅读，不是为了面对或者考验自己的生活，而是从中逃离，跑到另外一个世界。相比我们朝九晚五的庸常世界，那里的男人更加高贵和性感，女人更加漂亮，在那儿男人女人们冒险、抢劫、谋杀，进行帮会角逐、空间旅行。失去了这些刺激，生活便会平淡乏味。

有一种评论家，即耶鲁的结构主义者和其追随者们，他们声称评论高于虚构作品，高于普罗文学。这是个笑话。这句话和讲这句话的人本身都是虚构的，是文化建构神话的镶嵌画，是文本的碎片，是陈旧的价值观念和应酬的套话，是错觉的混响、回声中的回声。这些评论家以展示文学的陈腐内容和粗劣伎俩为乐。他们摧毁了自己存在的根基，就像那条咬住自己的尾巴吞掉自己的蛇，很快，他们就会跟其他无足轻重的历史紊流一样，湮没无闻。也许，一旦我们接触过他们，我们就会免疫，就像感染过一场麻疹。

事实上，创作和阅读的小说，像我们的生活一样琐碎，也像我们的生活一样严肃。如果我们从来不检视自己的生活，我们就不会从反省自身的小说中得到足够多的东西。没错，小说的材料是陈腐的：人类的生活。它里面也充斥着各式各样的回声，就像生活中一样，这些回声从遥远的地方折返。

我倾向于严肃地看待生活，严肃地看待我对它的爱憎，我信任小说，因为我相信它很重要。对于生活方面一团乱麻的作者，小说能像蜗牛清理鱼缸那样，把朦胧凌乱的思想整理得井井有条，最终留下一个净化过的产物，一件工艺品，有时候外形精巧而富有创意，能够与任何智慧交互产生联结。只要放下隔阂，甚至解构主义者也能从中受益。

　　我准备阅读的故事叫《进城去》，这是个老故事了。它曾刊载在 1940 年 6 月的《大西洋月刊》(*The Atlantic Monthly*)上，后来又作为一个章节出现在小说《巨石糖果山》(*The Big Rock Candy Mountain*)里，它不是一个现代意义上的故事。我选择它，不是因为它揭示了我们眼前的世界，或展示了短篇故事变化的形式。它可能不是我笔下最成功的段落，但它简单、开门见山、清晰明快。我知道它来自哪段经历，我知道它包含着什么，知道自己为什么写它，也知道自己从这段文字的写作中获得了什么。跟我之前挑选的段落一样，它可以证实我的信念，亦即虚构是理智与情感的内在功能——在被虚构化之前，现实并不完全是现实。

进城去

　　昨晚下了一夜的雨，小男孩在院子里光着脚，地面柔软。他站在狭小前院的角落里，日出的光晕扁扁地射进来，地面被刷洗得干净、光滑，看不到任何足迹，脚下泥地的凉爽和坚实传到脚趾上。他试着抬起右脚，让它落在一个新的地方，用力压，再抬起来，观察下面齐整清晰的脚印边缘、拱起的足弓和脚趾踩出的五个圆点。空气如此清新，吸进胸中有肉桂的味道。

抬起头，从护栏上方望出去，牧场比晴朗干燥的日子里颜色更深，那种棕绿色看上去似乎更健康，当热浪在枯萎的草地上匍匐滚动，把地平线驮回昏暗而不可捉摸的距离时，牧场莫名其妙地显得更小、更私密。站在自己干净齐整的脚印前，他感到，在这个早晨，牧场收缩了，而自己则变大了。他变得无边无际，迈出几个大步，就能走到地平线上的任何地方。

他把目光转向南边，望向低低的南方的天空，那儿万里无云，在强烈的日光下，几乎没有色彩。就在棕色的地平线上方，山脉的踪迹摇曳着，苍白得就像蓝纸上的水印一样，纤细而遥远，今天，它第一次让他感到触手可及。在无数个迷失的日子里，他的精神曾经在这些幽灵一样的峰顶上逡巡徘徊，而今天，只需迈几个大步，他就能拥有一切。不只这些：在这些山峰的阴影下，在那些熊掌一样的轮廓下面，那片他和妈妈私下称作月亮山脉的地方，是奇努克。今天，7月4日，在奇努克，有乐队，有饮品摊，人们游行、观赏球类游戏和焰火表演，到处人山人海。他心心念念了足足有三个星期。

他的小牧羊犬躺在地上看着，肚皮贴着潮湿的地面。男孩突然高兴地弯下腰，拍打小狗的耳朵，然后像战斗的印第安人一样，扭动身子旋转起来，小狗则大张着嘴，绕着他跑圈。他的父亲穿着短裤，走到门边，打了个哈欠，手在脑后支着头，目光穿过一丛乱发，用惺忪的睡眼懒洋洋地打量天气，男孩盯着他，他的声音让他长舒了一口气，从昨天阴雨连绵的恐惧中解脱了出来。

"雨过天晴啦。"他说。

他父亲又打了个哈欠，擦了擦眼睛，含混地咕哝了一句，他站在门槛上，悠闲地用手挠着身子，低头看向男孩和小狗。

"马上要热起来了，"他淘气地说，"很可能热得开不了车了。"

"噢，爸爸！"

"马上就会跟烤箱似的。坐在车里非把你化成润滑油不可。"

男孩狐疑地望着他，捕捉到他嘴角的一丝狡黠。"噢，那我们也要去！"

在父亲的笑声中，他突然像短跑选手一般冲了出去，绕着房子跑了整整一圈，身后跟着他的小狗。他又一次从父亲面前跑过，在房子拐角把他的声音甩在身后。"我喂母鸡去。"他喊道。父亲望着他的背影，挠着身子，突然笑了一声，转头走进屋里。

不管干杂活还是吃饭，男孩眼中都闪烁着这一天美梦的狂喜，但那并没有让他远离机敏而乐于助人的心性。他甚至没有等待命令就搓了两遍澡，捋直了头发，翻出干净的衣服，用湿抹布擦掉鞋子上的泥巴，然后穿在脚上。当妈妈用鞋盒打包午餐便当的时候，他站在妈妈旁边做帮手。他飞奔着把东西塞进无顶的老福特车里，又找了块布把铜水箱擦得锃亮。他跑来跑去地帮忙，偶尔抬起头，看见爸妈望着自己，或者相互交换一下眼神，明白对方眼角的微笑是在让彼此留意儿子。

"跟匹赛马一样。"爸爸说，男孩有点不好意思，虚张声势地做个鬼脸，把嘴扭到匕斜的眼角，大喊一声"嗷呜！"但马上，他又奔忙起来。他们得出发了，毕竟要开五十英里的路程。没等他们准备好，他早就打理得焕然一新，在福特旁边兴奋地跳上跳下。

过了 8 点，爸爸才出来，调整好前排座椅，把量杆插进油箱，再拽出来，湿淋淋地滴答着。"几乎是满的，"他说，"不过，要翻过这些山，最好再备上一罐。灌上它两加仑就够。"

男孩一溜烟跑开，从棚子下面找到罐子，跑到农舍北边木板架子上，从那个六十加仑的大桶里把油倒到罐子里。回来的时候，他的左胳膊直直地抻着，罐子坠在两腿中间，妈妈正从后排的大包小包和一堆水袋中给自己清理出坐的地方。

"天哪！"她说，"真猝不及防，这可是我第一次经历这种突然袭击。说实在的，你昨天晚上就该把一切收拾停当了。"

"时间足够。"爸爸低头看着男孩，咧开嘴笑了，"好啦，小赛马。要想参加狂欢，你得赶紧上车了。"

男孩像松鼠一样跳到前座上。爸爸在车前转了一圈。"我看你现在干练多了。待会车转起来的时候，把它扭到磁电挡上，拉着火花塞。"

男孩没有说话。他怀着尊重和一点敬畏，像爸爸一样，抬头望着这辆车。他们并不常用这辆车，发动它就像举行消防演习的仪式一样。爸爸拧下那个铜插头，望望水箱里面，把它装回去拧紧，然后弯下腰，握住曲柄。"看好了。"他说。

随着父亲转动曲柄，男孩感觉到弹簧在温和地振动，一上一下地。阻气门线被拽了出来，他听到内燃机内部柔和的"嘶嘶"声，鼻孔里充满了汽油那强烈的挥发性味道。从水箱上方，爸爸黢黑而紧张的面孔抬了起来。"怎么样？发动起来了吧？"

"嗯，正在蓄能。"

"必须满负荷，得让她稍微歇会儿。"

他们等着——几分钟后，一浪一浪弹簧般的起伏又开始了，水箱上方，蓝色衬衫和弯着的头起起落落，阻气门发出"嗖嗖"的叹息声，汽油味更浓烈了。发动器忽然停了，喘也不喘一下。

两个声音同时从车里传出来。"车子怎么了？"

他的眉头严肃地紧紧皱到了一起，父亲站在外面喘着粗气。"王八蛋。"他说。他走过来，拉拉挡位，确保它到位了，调整了一下火花塞杆和燃气杆。渗出的汗水让他的脸有些模糊，在太阳下像涂了油的皮革。

"没出什么大问题吧？别吓我。"妈妈说，她的声音在恐惧的边缘颤抖。

"不该出什么事啊，"他说，"以前一发动就能走，在这儿开一直也没出过么蛾子。"

妈妈在后排的大包小包中直起身子，男孩看着她。看上去，她认真打扮了一番，穿着一件碎花裙子，头顶带檐的帽子，硬硬的樱桃发夹装饰着红色的帽子。她僵僵地坐在那儿，难掩焦虑。"你准备怎么办?"她说。

"不知道。先检查检查发动机吧。"

"唔，你弄的时候，我还是下去在太阳底下站站吧。"她说。她打开门，从一片杂乱中摸索出一条路来。

男孩觉得她的离开是一种屈服，一种背叛。

要是再不抓紧，他们就赶不上游行了。他一下子从车里弹出来。"哎呀呀!"他说，"我们一块儿搭把手。得赶紧走了。"

"别瞎捣乱。"爸爸咕哝道。他打开引擎盖，把头探进去，研究发动机。用手试试线路，晃晃火花塞的接口，拽拽阻气门。脆弱的铰链撑不住机盖，滑到他手腕上，他骂了一句，把它推回原处。"把老虎钳给我。"他说。

他摸索查找了有十分钟。"可能是火花塞，"他说，"看起来它打不着火了。"

妈妈坐在阴凉处的箱子上，两手紧张地在薄纱碎花裙上抚来抚去。"会花很长时间吗?"

"半小时。"

"哪天不行，偏偏今天!"她说，"真搞不懂你昨天晚上为什么不弄好。"

他吸了吸鼻子再次俯身在引擎上。"别抱怨了，"他说，"昨晚下雨。"

一个个栓塞被取了出来，被眯着眼打量，用小刀的刀刃刮干净，用薄薄的一角硬币测试间隙。男孩一会儿用这只脚站，一会儿又换另一只脚，时间像浩浩荡荡的洪水一样从他指间奔涌而去，像白花花的美元从两手间"哗哗"地漏过。他一直望着太阳，估量着时间还剩多少。如果现在就出发，他们兴许还能赶上游行，刚好卡着点。也可能他们开到那条路上的时候，游行已经开始了，他们就加入游行的队伍里去……

"它好了?"他说。

"马上了。"

他踱到妈妈旁边，她伸出一只手，放在他肩膀上，一把把他搂在怀里。"好吧，不管怎样，我们要去那里看乐队、球赛还有焰火表演，"他说，"如果到中午它还发动不起来，我们就啥都看不了了。"

"当然，"她说，"爸爸分分钟就搞定了。我们什么都落不下，不会的。"

"你看过冲天火箭吗，妈?"

"看过一次。"

"好看吗?"

"非常好看。"她说，"就像有千万颗星星，什么颜色都有，同时在天上绽开。"

他信步走到父亲那边，他挺直了身子，发出一阵气鼓鼓的咕噜声。"行了!"他说，"这次要是这个狗日的再发动不起来……"

弹簧又一次起起伏伏，转动的内燃机发出阵阵低吼，阻气门"嘶嘶"作响。他短暂地试了试，快速转了半圈，好像要抓内燃机个出其不意。接着，他走回僵硬的曲柄旁边。他蓝衬衫的后背被染得黑黑的，勾勒出脊柱两旁堤坝一样的肌肉。一圈一圈地转动，起起伏伏，一开始有点卡，后来激烈而喧嚣，最终他蹒跚地退了两步，气喘吁吁。

"该死的!"他说，"这玩意儿到底怎么了?"

"它连咳嗽都没咳一下。"男孩说，他盯着父亲的脸，满脸疑惑和愤怒，他感觉到冰冷的恐惧在触碰他。要是它根本发动不起来怎么办? 要是他们对它一点办

法都没有怎么办？都准备停当了，要是不行，还得把
福特里的东西卸下来，一家人连院子都出不去。妈妈
走过来，他们站在一起，看着这台福特，避免接触到
彼此的眼神。

"是不是昨天晚上什么东西受潮了。"她说。

"这时间足够让它变干了。"他父亲说。

"还能试试别的什么东西吗？"

"倒是能把后轮顶起来。但是没有该死的理由说必
须这么做啊。"

"好吧，你觉得有必要，就去做。"她尖刻地说，
"准备了三个星期了，不能跟现在似的，就这么卡在这
里。是吧，儿子？"

他的回答仿佛无意识似的，两眼一直拴在他父亲
身上。"是啊。"他说。

父亲张开嘴想要说点什么，看到男孩哀愁的小脸，
又把嘴闭上了。他一言不发地放倒椅子，拿出千斤顶。

太阳稳稳地向上爬升，他们用千斤顶把一个后轮
顶起来，把车仔细固定住，好让它发动起来以后不会
撞向任何人。男孩在旁边帮忙，一切停当以后，他坐
到前座上，满怀希望和恐惧，整个身体都全神贯注地
绷紧了。父亲弯着腰，面颊抵在散热片上，就像挤奶

工抵靠在奶牛的侧腹一样。他沉下肩膀，猛地一拉。没有动静。再一拉，依然没有动静。接着，他带着狂怒的冲劲疯也似的转动它，湿漉的黑色衬衫后背起起落落。在发动机里，只有气门徒劳的"嗖嗖"声和曲轴转动时空洞的动作和声响。在每一个上冲程，福特的车头都会弹起来，好像前轮跃跃欲试要脱离地面一样。然后，它停下了，男孩的父亲挂在散热片上，气喘吁吁，汗滴在地上，咒骂着。"卑鄙、恶心、肮脏、堕落的狗东西……"

男孩两眼暗淡无光，眼睛从父亲满是汗水和怒容的脸移到母亲犹豫清瘦的面颊上。小狗趴在阴凉处，头耷拉在自己的爪子上。"哎呀，"他说，"哎呀呀！"他望着天空，半个早晨已经过去了。

父亲的肩膀因为愤怒而颤抖，他拔出曲柄，丢到院子中央，朝房子走了一两步。"什么玩意儿，见鬼去吧！"

"哈利，别这样！"

他停下来，恶狠狠地盯着她，斜眼瞥了一下男孩，咬咬牙，挤出一句踌躇不定的安静的咒骂。"唔，天哪，它死活不肯走！"

"要是你把马套上拉它一下呢。"她说。

他的笑声短促而尖利。"真是好主意！"他说，"倒不如干脆让几匹马把这艘（台）该死的老破船（车）拖到奇努克去！"

"但是我们必须得启动它啊！为什么不试着让它们拉着它走走？有几次你在山坡上推它一下，它就启动了。"

他又回头看着男孩，突然以愤怒的姿态把眼睛移开，好像男孩该为此负某种责任。男孩目不转睛地看着，感到悲伤、受挫，几乎哭出来了，这时，父亲的头不情愿地转回来。他唐突地眨眨眼，用布擦了擦头和脖子，咧开嘴笑了。"看来你还是想去，嗯？"

男孩点了点头。"好！"父亲提起声音，"去牧场把马群赶来。快！"

男孩大步跑到深谷边上。四分之一英里外那片洼地上，马匹沿着河岸散开，黑点是小马驹。在往常，他会小心翼翼地穿过牧场，因为里面有仙人掌，但今天他冲了进去。穿了鞋自然是好，即使没穿鞋，他仍会奔跑——踩过烧断的草秆，穿越绵绵草场，到处是地鼠打的洞，有时候踩塌了能没到脚踝，吓人一跳。他掠过仙人掌的断片，越过獾子的洞，冲下深谷，爬上对面的土坡，飞起来一样，就像有熊在后面追他似

的。黑色的小马驹认出了他，扬起尾巴，挺起腿，炫
耀似的全速穿过平地朝他冲过来，河岸上的马群则只
是抬起脖子看着他。他慢下来，走过去，一只手揽在
母马的脖颈上，解开缰绳。她安静地站着，等他爬上
去，扭动一番，踢了踢马腹，引她回去。接着其他的
马也跟上来了，母马悠闲地大步慢跑，阉马小步跟着，
马驹收敛起方才野蛮的炫耀，不好意思地晃着身子，
急速跟上它远去的母亲。

它们停在福特跟前，男孩滑下马背，把缰绳甩给
父亲。"要我去拿马具吗？"他说。不等听到回应，他
就跑开了，回来时使劲拉着沉重的马具，在潮湿的地
面上拖出一小道沟来。他扔下它，转身又跑了，大口
喘着粗气。"我去拿剩下的。"他说。

父亲发出一声短促的、几乎算得上是怀疑的笑声，
看了他妈妈一眼，摇摇头，把马具抛到母马身上。等
第二个马具到了，他把它搁在阉马身上，推动它沉重
的肩膀，好让它挪到正确的地方。阉马不肯动，后足
立地腾跃了一小步，被劈头痛骂，鼻子让缰绳狠勒了
一下。它疼得甩过头，打着战，提心吊胆地抬起腿，
却把一只钉了马掌的蹄子踩在了他主人的脚背上。整
个上午没一件顺利的事，匆忙、酷热、劳累和恼怒搞

得父亲心烦意乱，他朝马腹狠踢了一脚。"给我过去，该死的蠢马！靠后！靠后，你个混蛋！吁！吁，麻利点！"

他用一根粗重的绳索把这个不易驾驭的队伍拴到车轴上。他一言不发，弯腰把男孩抱起来，放到母马背上。"好了。"他说，面庞放松下来，匆忙地露齿一笑，"这次我们肯定能启动起来。让它们绕个圈子，别太快。"

接着他钻进福特里，扭到磁电挡上，仔细确认了一下挡杆。"走吧！"他说。

男孩踢了踢母马，边骑边扭过身子看，福特就像一个疲惫、臃肿的汉子，缓缓抬起脚，一顿一顿地跟在他后面，在高低不平的地面上左摇右晃，父亲放下手刹，挂上离合，它开始隆隆作响，前后顿挫，一冲一冲地。随着缰绳的拉拽，马匹安静下来，没精打采地待在颈圈里，摇晃着绕圈，互相挤撞，小步溜达。突然，母马后腿撑地直立起来，男孩闭着眼，两手抓紧。他下来的时候，母马的腿缠在了拖绳上，父亲骂骂咧咧地从福特里出来，把一切理顺。他的父亲又发起疯来，冲他大喊："把它们分开！别让我再费口舌了。让迪克待在它自己那边！"

然后他们再来一遍，套好颈圈，腿下的拖绳绷得紧紧的。这一次顺利多了，福特在队伍后面飞驰起来，鲁莽又笨拙地一拱一拱的。母马的眼睛突然翻白，放开步子小跑，把阉马拖在她后面，男孩拼命抓紧打结的短缰绳，耳朵时刻关注着身后福特启动的"隆隆"声。小狗在队伍旁边高声狂吠，兴奋得发了疯，一根筋地傻叫，声音都变了。

他们在后院里绕着房子和鸡笼跑了整整三圈，男孩又一次回头看。"启动不起来吗？"他大声喊道。他看见父亲僵硬地坐在方向盘后面，听到爆出的阵阵谩骂，看到他弯下腰，透过拉起的车底板，研究发动机神秘的内部运作。他一手控制着方向，另一只手在下面摸索，一只眼睛越过前围板观察着前面。

"我是不是该停下了？"男孩喊道。激动和近乎绝望的情绪让他的声音带着哭腔。

但是父亲挥舞粗壮的手臂示意他别停。"继续，继续！再快！拿出勇气来！跑起来，跑起来！"

这飞奔的队伍——场面一片聒噪，泥巴四溅，院子里已经犁出了车辙，而福特跟在后面，压着身子蛮横地野跑，一喘一喘地翻耕地面，刨着身下的泥巴。小狗疯狂地吠叫，马驹时时惊吓得要逃走，每一圈有四分之一的时间，妈妈会短暂地出现在视野里，两手放在嘴上，眼里透着焦虑。在他身后，父亲坐在福特里，压着一腔愤怒，喊他快跑，他嘴唇缩到牙齿上面，面色发紫。

终于，他们停下了，马匹吐着粗气，男孩脸色发白，噙着泪，沉默不语，父亲潜藏的怒火随时可能爆发。男孩滑下来，咬着上嘴唇，他没有哭，却随时可能哭出来，眼角积聚的泪珠已经在闪了，牙齿紧紧咭着自己的痛苦。父亲从车的一侧下来，盯着车子，似乎想徒手把它撕成碎片。

肩膀垂下来，眼泪抖动着掉落，下颌因为憋着不哭而酸疼，男孩转向他的妈妈。走到父亲旁边的时候，他抬头看了他一眼，两人眼神交会，他看到父亲眼中空虚无力的愤怒。乏味和无望的感觉吞噬了他。什么都没了，他脑中的声音在响。什么都没了 —— 游行没了，球赛没了，乐队没了，焰火没了。柠檬水、冰激凌、纸喇叭、鞭炮，全都没了。地平线上那个每个夏天被人们像传奇一样称呼的山脉，再也没法近距离看到了。旅行没了，冒险没了 —— 什么都没了，都没了。

他的所有感受都包含在那一个寂静的目光里。他的嘴唇不自觉地颤抖，努力把呜咽憋住，两眼盯着父亲的脸，看到他眉毛往下撇，两眼眯起来。

"喂，哭什么哭！"父亲冲他嚷，"别站那儿盯着我看，就跟我不让你去郊游似的。"

"我——憋不住。"男孩说，随着某种恐惧，他感到忧伤浮上来，淹没了他，让声音漫过他身体的堤坝涌了出来，他号啕大哭。透过泪水，他模模糊糊地看到父亲肌肉绷紧抽搐的脸，一上午令人恼火的狂怒聚集到他胳膊上，他反手抽了男孩一巴掌，男孩趔趄了一两步。

他放声大哭，因为疼痛，因为惊吓，因为愤恨，也纯粹因为悲伤。他跑去妈妈那边，把头埋在妈妈怀里。在避难所的包裹里，他含混不清地听到她恼怒的声音。"没用，"她说，"现在跟他说什么都没用。找个地方待一会儿，等他过了这阵疯劲再说。"

她使劲把男孩揽到怀里，冲着父亲讲的话里带着愤怒的尖刻。"就跟他伤人伤得还不够似的！"她说。

他听到重重的步伐快步走开，他哭了好一会儿，对着薄纱上的花瓣洒了不少眼泪。等哭完了，他无动于衷地听着母亲的安慰，保证他们一有机会就出发，到山里去，在瀑布下面野餐，兴许能在镇上找到正在开打的球赛，在哪个周六——他安静下来，静静听着，想要去相信它，却怎么也相信不了，他走到屋里，脱下他的漂亮衣服和鞋子，重新套上旧吊带工装裤。

快到中午了，他站在前院，向南眺望那片不可能到达的土地，在那儿，月亮山脉从平原上拱起，山脚下的城里，人们这时候也许正在野餐、喝汽水，整装待发准备去球场，看英雄们身穿真正的队服打球。乐队在彼此撞击的人群的包围中，发出喧闹的乐声，小孩子们摇动着花火，在凉爽的果园里嬉戏。

在蒸笼一般的高温下，他的脸上写满了悲伤和挫败，他的眼睛仍在寻找地平线上那个水印的迹象。但是那里除了像隐形的火苗一般爬行和抬升的热浪，什么都没有。地平线模糊不清，平平地翻滚，把地面与天空的交界抹得朦朦胧胧。这个早上，本来他两大步就能走到那里，现在没有机会了。

低下头，他看到自己在清晨印下的那个干净的脚印。他漫无目的地把自己的右脚踩在地上，往下压。泥巴已经干了，不过在院子低洼处，他找到了一个仍能够留下脚印的地方。他非常小心，就好像是在为自己的生命举行一个仪式，他绕来绕去，踩下去，把重心压在上面，再踩下去，把重心压在上面，直到踩出六个围绕同一圆心的精致的脚印，它们有清晰的边缘和弯曲的足弓，以及脚趾踩出的五个圆点。

很多读者会想，这个故事反映了作者自己的一段经历。没错。我小时候在萨斯喀彻温省生活了六年，忍受着父亲的急躁和暴力。在我写这个故事的时候，这个该死的7月4日已经过去二十三年了，那种沮丧的心情早就消退了——事实上，过了一两天，它就消退得无影无踪了。然而那种愤恨没有消退，也许因为它总是被类似的事件重新唤醒。后来我成年了，父亲也过世了，但我仍会问自己，在遭受挫折的时候，把自己的挫败感发泄在另一个主要受害者身上的人，是一个什么样的人？我仍然为自己感到难过，我是在写一封道德起诉书，为自己遭受的无情和不公实施反击。书写这篇故事就像从袜子里取出硌脚的狐尾草。

不过我认为，潜藏的愤恨不是我把这个故事从潜意识的地窖中拉出来的唯一理由。除了愤恨，还有遗憾和内疚。在我重新创造这糟糕的一天时，我开始意识到，我不只因为父亲的行为感到气愤，而且因为它，我感到凄苦落寞，我希望这件事从来没有发生过，我希望自己钦佩父亲，被他宠爱，不想因为抽泣而冒犯到他，我想做一个让他自豪的儿子。报复是驱动我的唯一动机，一个不那么吸引人的动机。我同样发现，我想要去达成某种和解，缓和我自身的愤怒和不安，埋葬他那不安又恼人的幽灵。

也就是说，我是在进行自我治疗，其过程跟有人协助的疗法一样艰难。不过最终，这个故事没能做到，甚至长篇小说《巨石糖果山》也没能做到。直到多年以后，我靠着另外一本小说《重演》（*Recapitulation*）才让过去的创伤终于看上去痊愈了。

我方才讲的，不会有人感到意外，我是说，人们写小说的理由之一，是通过制造某个改进过的生活模型，来治愈自己。创作故事能让写作者身上的伤愈合，而且比起其他方法，它成本更低。写《巨石糖果山》的时候，我在哈佛教书，有个剑桥的女士在杂志上看到了这些童年的碎片，非常严肃地问我，写下这么多不愉快的童年故事，是否觉得恰当？这样做健康吗？我不知道，不过我告诉她，这里面的故事，每一篇都能让我赚到好几百美元，但是如果我把这些事讲给心理医生听，我每小时就得花掉二十五美元。这是玩笑，但也不全是。

注意，《进城去》不是一首第一人称的挽歌。这个男孩并不是我自己，而是另一个被称作"他"的八岁男孩。有个关于讲故事的古老规矩说，第一人称提供了目击者的即时性，而生活中的智慧告诉我，治疗的效果取决于能否把内心深处最私人的事坦示出来。既然如此，为什么我不把它作为个人经验来讲述并且获得最大的收益呢？

这两个创作的理由，都来自我们潜意识的地窖，事实在那儿等待通过小说进入虚构的世界。

首先，尽管第一人称担保了即时性，却也带来了顾影自怜的风险。况且我已经意识到，顾影自怜也可能是我写作的动机的一部分。我把"我"改成"他"，没有经历任何自省的决定，只是出于某种本能的对自我暴露的警惕心理。也许当时我想起了罗伯特·弗罗斯特，他也有一个暴力的父亲，也知晓这些问题。他曾经跟我说，我们应当把别人身上的事写得像是自己的亲身经历，把自己身上的事写得像是发生在别人身上一样。这样，我们就能把即时性放在需要它的地方，而同过于切近的人和事保持一个相对冷漠的距离。

再则，我把这个事件推开一臂的距离，至少获得了客观的错觉，也有助于梳理情节。写作不是把未经整理的记忆一股脑地倾倒在纸面上，而是经过挑选、安排，少数地方重点强调，其他的一带而过。我不可能记得故事里那个7月4日的早晨发生的一切。我记得母亲落下了什么东西，我们为了找它把整间屋子翻了个底朝天，我们不希望这趟去城里的旅行没了它。我记得在寻找那个丢失的物件的时候，一只鹰袭击了院子里的一只小母鸡，于是我们冲出去把老鹰赶跑，救了这只可怜的小鸡，它的嗉子被撕开了，当我把它捧在手里的时候，它的心脏像发动机一样跳动。母亲找到针和线，把它的嗉子缝合，它半开着翅膀坐在地上，大张着嘴。在我们终于放弃福特车的时候，它死了。这是一个近乎完美的乡村生活的细节，很好的个人经历，但是我完全没有采用它。它从头到尾不适合这个故事。

适合这个故事的只有7月4日的这场梦，球赛、焰火、柠檬汁小摊，为那场奇迹所做的准备，一个有三个星期没见过其他孩子，也从来没亲眼见识过自己想象中的大世界的八岁孩子的想象和期待；当福特发动不起来的时候，担忧被引入，随着一次次的尝试，这种情绪滋长，进而接连的失败成了一系列严峻的折磨，一直到最后的沮丧、挫败和脸上吃的巴掌。这是适合这个故事的一切，我想要的一切都在其中了。

就像我已经指出的，这一切与日常生活非常不同。尽管可能会有疏通肠胃的作用，但故事不是简单的肠胃反向蠕动的结果，它不是精神的催吐剂。当然，某些方向的指引是存在的，不要问我它从何而来，是从作者掌舵室里的某些批评家那里，还是出自故事自身的某种暗中预先编排的需求？大多数作家不想探其究竟。曾经有一个非常卓越的心理学家对创作的过程感兴趣，他来到斯坦福，寻找希望被催眠的志愿者，以探究他们的创作过程，结果，整个教室的光线暗淡下来，大家纷纷离席而去。

方向很重要，不管它从何而来。有些东西正在形成，经验从它的原始状态转化为清晰的形状和意义。至少，当一个人既是病人又是医生的时候，仅仅疏通肠胃是不行的，还需要转化和创造。需要将秩序强加给杂乱的经验、感觉和记忆，秩序是治愈的关键。不同于一团混沌的个人经验，不同于充满荆棘和毒葛的荒漠，故事是一个设计好的公园，有花坛、步道、"请勿践踏草坪"的标识和舒适的休息区。就像亨利·亚当斯说的，如果混沌是自然的法则，秩序是人类的梦想，那么，相比原始经验，小说就更接近内心的愿望，它的意义也更容易被理解。

短篇故事这种形式，可以把人物、行动或者关系压缩到墙角，而不是让我们围着它们绕圈，我试图通过《进城去》达到某种和解的努力没能实现。我也没能再现那儿的环境，我曾经很喜爱它，小时候它给我留下了极其深刻的印象，但我却没能把它表现好。事实上，我后来用了三个故事才表达出这一个故事里我想表达的一切。那片景色，那块偏僻、荒凉、美丽的牧场，梦想中的山脉在它的边缘隆起，我把它浓缩进一个叫《喇叭之歌》（*The Bugle Song*）的小故事里，在《巨石糖果山》里，它刚好在《进城去》

的前面，而《进城去》里只是作为暗示出现的和解，成了
另一个故事《两条河》（Two Rivers）的主线，它是小说中
《进城去》的下一章。在这最后一个故事里，福特启动了，
前往山脉的旅行成行了，父亲幽默而快乐，一家人一起探
险，从日出到日落，度过了顺利而幸福的一天。当然，我
不得不承认，这一切从未发生过：在我们在那儿度过的那
些日子里，我们从未去过山脉那边。但至少，这次想象中
的旅行让我内心中某个角落得到了满足。如果你记不起来，
就跟它和解好了。还有，我笔下的那些山脉的轮廓其实也
不像熊掌。

　　冒着把一个小故事彻底榨干的风险，我想简单提一下
它的形式，我希望它像所有令人满意的故事一样，拥有谢
幕和完整的感觉。任何人都能够证明，经验是一场持续的
浇灌，没有开头，也没有结尾。它纠缠着过去，也勾连着
未来。如果没有经过认真的思考，任何经验的记录都是不
完整的，作者的工作是谋划一个好的结局，以便在故事的
掩盖下，让这些生活的碎片宣告结束。一个有情节的故事，
包含逐渐升级的行动、无数勾连的支线、一个高潮、一个
结局。里面的人或事胜利或者失败，生存或者死亡。海明
威在说所有故事的结局都是死亡的时候，心里想的就是这
些——其他任何结局都不会让任何事情真正结束。所以，

我们必须谋划一个小小的象征性的死亡，让某些事情看起来完结，这样做的时候，我们必须小心谨慎，因为契诃夫说过，开头和结尾是最让作者们生不如死的所在。

这里没有真正的死亡。死去的只有一个孩子气的梦，也许还有男孩对他父亲的信任。那么，我如何在实际操作中给这段情节拉上帷幕呢？仅仅沮丧的情绪就足够了吗？还是不多赘言，以脑袋挨的那记巴掌做结尾？或者让故事继续，让它结束在男孩孤单地走回屋里，把漂亮衣服脱下来，重新换上工装吊带裤的时候？这些我都考虑过，但每一个都不太满意。最终，我重看开头，找到男孩在泥泞的院子里试着踩脚印那一段。开始的时候，那个脚印是得意扬扬的，意味着一种获得了身份和力量的兴奋感。仿佛轻轻一跳，脑袋就能撞破天空，迈几个大步，他就能走到地平线上的任何地方。就跟阿纳萨齐（Anasazi）[①]人留在悬崖上的手印一样，这个脚印在说："我就是我，我是个大人物。"

那是在早上。而现在是下午了，梦已经碎了，男孩挨了打，感到困惑和沮丧。于是那个为一切做决定的声音从地底冒出来，告诉我让他回到那个脚印那里，但要带着全

---

① 阿纳萨齐的意思就是"古人"，这个名字是指史前的一种美洲当地人，当年他们居住在美国犹他、亚利桑那、新墨西哥及科罗拉多这四个地区的交界处。

然不同的情绪。重新踩下一些脚印，不过要踩得不一样。于是我让它们围成一个圆圈，它们不彰显身份；而是形成一种类似围墙或藩篱的东西，把这个孤单的农家孩子囚禁在其中。遥远的地平线、月亮山脉、梦里蒙大拿和奇努克的奇观，都被拒之门外；他的精神被隔离，被关闭。这样，像画上一对括号一样，它拉上了整个故事的帷幕，把脚印作为一种结构性的象征，其可取之处在于，它并没有喊得很大声，却表达出了该表达的意义。它们让我得以在这个故事的情绪收尾和行动收尾时做出了双关的表述。结构性的象征可遇而不可求，这种策略并不会总奏效。如果妙手偶得，那是运气的眷顾。

我得承认，大多数时候，我的运气不错，每当构建一个故事，让情绪、记忆或想法通过一系列加工变成虚构小说的时候，我总能交到好运。我所知道的最令人陶醉的时刻，是对经验的原始结晶——我自己的或者某些我观察到的经验——进行磨削、雕琢和抛光，以使其能够反射光和意义。至少，讲故事的冲动给经验带来了方向，给它蒙上了一切尽在掌控的幻觉。考量生活如何运转，这是一种很让人舒心的幻觉，也许正是它使生活成为可能也未可知。但毫无疑问，是它告诉了我，我在自己的行业里常蒙好运的眷顾。我不会拿它同任何东西做交换。

Going to Town

After the night's rain the yard was spongy and soft under the boy's bare feet. He stood at the edge of the packed dooryard in the flat thrust of sunrise, looking at the ground washed clean and smooth and trackless, feeling the cool firm mud under his toes. Experimentally he lifted his right foot and put it down in a new place, pressed, picked it up again to look at the neat imprint of straight edge and curving instep and the five round dots of toes. The air was so fresh that he sniffed at it as he would have sniffed at the smell of cinnamon.

Lifting his head backward, he saw how the prairie beyond the fireguard looked darker than in dry times, healthier with green-brown tints, smaller and more intimate somehow than it did when the heat waves crawled over scorched grass and carried the horizons backward into dim and unseeable distances. And standing in the yard above his one clean sharp footprint, feeling his own verticality in all that spread of horizontal land, he sensed how the prairie shrank on this morning and how he himself grew. He was immense. A little jump would crack his head on the sky; a few strides would take him to any horizon.

His eyes turned south, into the low south sky, cloudless, almost colorless in the strong light. Just above the brown line of the horizon, faint as a watermark on pale blue paper, was the wavering tracery of the mountains, tenuous and far off, but today accessible for the first time. His mind had played among those ghostly summits for uncountable lost hours; today, in a few strides, they were his. And more: under the shadow of those peaks,under those bear paws that he and his mother privately called the Mountains of the Moon, was Chinook; and in Chinook, on this fourth of July, were the band, the lemonade stands the crowds, the parade, the ball game, the fireworks that his minds had hungered toward in anticipation for three weeks.

His shepherd pup lay watching, belly down on the damp ground. In a gleeful spasm the boy stooped down to flap the pup's ears, then bent and spun like an Indian in a war dance while the wild-mouthed dog raced around him. And when his father came to the door in his undershirt, yawning, running a hand up the back of his head and through his hair, peering out from gummed eyes to see how the weather looked, the boy watched him, and his voice was one deed breathing relief from yesterday's rainy fear.

"It's clear as a bell," he said.

His father yawned again, clopped his jaws, rubbed his eyes, mumbled something from a mouth furry with sleep. He stood on the doorstep scratching himself comfortable, looking down at the boy and the dog.

"Gonna be hot," he said slyly. "Might be too hot to drive."

"Aw, Pa!"

"Gonna be a scorcher. Melt you right down to axle grease riding in the car."

The boy regarded him doubtfully, saw the lurking sly droop of his mouth. "Aw, we are, too, going!"

At his father's laugh he bust from his immobility like a sprinter starting, raced one complete circle of the house with the dog after him. When he flew around past his father again his voice trailed out behind him at the corner of the house. "Gonna feed the hens," he said. His father looked after him, scratched himself, laughed suddenly, and went back indoors.

Through chores and breakfast the boy moved with the dream of a day's rapture haunting his eyes, but that did not keep him from swift and agile helpfulness. He didn't even wait for commands. He scrubbed himself twice, slicked down his hair, hunted up clean clothes, wiped the mud from his shoes with a wet rag and put them on. While his mother packed the shoe box of lunch he stood at her elbows proffering aid. He flew to stow things in the topless old Ford. He got a cloth and polished the brass radiator. Once or twice, jumping around to help, he looked up to catch his parents watching him, or looking at each other with the knowing, smiling expression in the eyes that said they were calling each other's attention to him.

"Just like a race horse," his father said once, and the boy felt foolish, swaggered, twisted his mouth down in a leer, said "Awww!" But in a monent he was hustling them again. They ought to get going, with fifty miles to drive. But in a moment he was standing beside the Ford, licked and immaculate and so excited that his feet jumped him up and down without his volition or knowledge.

It was eight o'clock before his father came out, lifted off the front seat, poked the flat stick down into the gas tank, pulled it out again dripping. "Pretty near full," he said. "If we're gonna drive up to the mountains we'd better take a can along, though. Fill that two gallon one with the spout."

The boy ran, dug the can out of the shed, filled it from the spigot of sixty-gallon drum that stood on a plank support to the north of the farmhouse. When he came back, his left arm stuck straight out and the can knocking against his legs, his mother was settling herself into the back seat among the parcels and water bags.

"Goodness!" she said. "This is the first time I've been the first ready since I don't know when. I should think you'd have got all this done last night."

"Plenty time," the father stood looking down at the boy, grinning. "All right,race horse. If you want to go to this shindig, you better hop in."

The boy was up into the front seat like a squirrel. His father walked around in front of the car. "Okay," he said. " You look sharp now.When she kicks over, switch her onto magneto and pull the spark down."

The boy said nothing. He looked upon the car, as his father did,with respect and a little awe. They didn't use it much, and starting it was a ritual like a fire drill. The father unscrewed the four-eared brass plug, looked down into the radiator, screwed the cap back on, and bent to take hold of crank. "Watch it now," he said.

The boy felt the gentle heave of the springs, up and down, as his father wound the crank. He heard the gentle hiss in the bowels of the engine as the choke wire was pulled out, and his nostrils filled with the strong, volatile odor of gasoline. Over the slope of the radiator his father's brown strained face lifted up. "Is she turned on all right?"

"Yup. She's on battery."

"Must of flooded her. Have to let her rest a minute."

They waited—and then after a few minutes the wavelike heaving of the springs again, the rise and fall of the blue shirt and bent head over the radiator, the sighing swish of the choke, a stronger smell of gasoline. The motor had not even coughed.

The two voices came simultaneously from the car. "What's the matter with it?"

His brow puckered in an intent and serious scowl, the father stood blowing mighty breath. "Son of a gun," he said. Coming around, he pulled at the switch to make sure it was clear over, adjust the spark and gas levers. A fine mist of sweat made his face shine like oiled leather in the sun.

"There isn't anything really wrong with it, is there?" the mother said, and her voice wavered uncertainly on the edge of fear.

"I don't see how there could be," he said. "She's always started right off, and she was running all right when I drove her in here."

The boy looked at his mother where she sat erect among the things in the seat. She looked all dressed up, a flowered dress, a hat with hard red varnished cherries on it pinned to her red hair. For a moment she sat, stiff and nervous. "What'll you have to do?" she said.

"I don't know. Look into the motor."

"Well, I guess I'll get in out of the sun while you do it," she said, and, opening the door, she fumbled her way out of the clutter.

The boy felt her exodus like a surrender, a betrayal.

If they didn't hurry up they'd miss the parade. In one motion he bounced out of the car. "Gee whiz!" he said. "Let's do something. We got to get started."

"Keep your shirt on," his father grunted. Lifting the hood, he bent his head inside, studying the engine. His hand went out to test wires, wiggle spark-plug connections, make tentative pulls at the choke. They weakly hinged hood slipped and came down across his wrist, and he swore, pushing it back. "Get me the pliers," he said.

For ten minutes he probed and monkeyed. "Might be the spark plugs," he said. "She doesn't seem to be getting any fire through her."

The mother, sitting on a box in the shade, smoothed her flowered voile dress nervously. "Will it take long?"

"Half-hour."

"Any day but this!" she said. "I don't see why you didn't make sure last night."

Her breathed through his nose and bent over the engine again. "Don't go laying on any blame," he said. "It was raining last night."

One by one the plugs came out, were squinted at, scraped with a knife blade, the gap tested with a thin dime. The boy stood on one foot, then on the other, time pouring like a flood of uncatchable silver dollars through his hands. He kept looking at the sun, estimating how much time there was left. If they got it started right away they might still make it for the parade, but it would be close. Maybe they'd drive right up the street while the parade was on, and he part of it...

"Is she ready?" he said.

"Pretty quick."

He wandered over by his mother, and she reached out and put an arm around his shoulders, hugging him quickly. "Well, anyway we'll get there for the band and the ball game and the fireworks," he said. "If she doesn't start till noon we can' t make it for those."

"Sure," she said. "Pa' ll get it going in a minute. We won't miss anything, hardly."

"You ever seen skyrockets, Ma?"

"Once."

"Are they fun?"

"Wonderful," she said. "Just like a million stars, all colors, exploding all at once."

His feet took him back to his father, who straightened up with a belligerent grunt. "Now!" he said. "If the sucker doesn't start now…"

And once more the heaving of the springs, the groaning of the turning engine, the hiss of choke. He tried short, sharp half-turns, as if to catch the motor off guard. Then he went back to the stubborn laboring spin. The back of his blue shirt was stained darkly, the curving dikes of muscle along the spine's hollow showing cleanly where the cloth stuck. Over and over, heaving, stubborn at first, then furious, until he staggered back panting.

"God damn!" he said. " What you suppose is the matter with the damn thing?"

"She didn't even cough once," the boy said, and, staring up at his father's face full of angry bafflement, he felt the cold fear touch him. What if it didn't start at all? What if they never got to any of it? What if, all ready to go, they had to turn around and unload the Ford and not even get out of the yard? His mother came over and they stood close together, looking at the Ford and avoiding each other' s eyes.

"Maybe something got wet last night," she said.

"Well. It's had plenty time to dry out," said his father.

"Isn't there anything else you could try?"

"We can jack up the hind wheel, I guess. But there's no damn reason we ought to have to."

"Well, if you have to, you'll have to," she said briskly. "After planning it for three weeks we can't just get stuck like this. Can we, son?"

His answer was mechanical, his eyes steady on his father. "Sure not," he said.

The father opened his mouth to say something, saw the boy's lugubrious face, and shut his lips again. Without a word he pulled off the seat and got out the jack.

The sun climbed steadily while they jacked up one hind wheel and blocked the car carefully so that it wouldn't run over anybody when it started. The boy helped, and when they were ready again he sat in the front seat so full of hope and fear that his whole body was one taut concentration. His father stooped, his cheek pressed against the radiator as a milker's cheek touches the flank of a cow. His shoulder dropped, jerked up. Nothing. Another jerk. Nothing . Then he was rolling in a furious spasm of energy,the wet dark back of his shirt rising and falling. And inside the motor only the futile swish of the choke and the half sound, half feel of cavernous motion as the crankshaft turned over. The Ford bounced on its springs as if the front wheels were coming off the ground on every upstroke. Then it stopped, and the boy's father was hanging on the radiator, breathless, dripping wet, swearing. "Son of a dirty, lousy, stinking, corrupted..."

The boy, his eyes dark, stared from his father's angry wet face to his mother's, pinched with worry. The pup lay down in the shade and put his head on his paws. "Gee whiz," the boy said. "Gee whiz!" He looked at the sky, and the morning was half gone.

His shoulders jerking with anger, the father threw the crank halfway across the yard and took a step or two toward the house. "The hell with the dame thing!"

"Harry, you can't!"

He stopped, glared at her, took an oblique look at the boy, bared his teeth in an irresolute, silent swearword. "Well, God, if it won't go!"

"Maybe if you hitched the horses to it," she said.

His laugh was short and choppy. "That' d be fine!" he said. "Why don't we just hitch up and let the team haul this damned old boat into Chinook?"

"But we've got to get it started! Why wouldn' t it be all right to let them pull it around? You push it sometimes on a hill and it starts."

He looked at the boy again, jerked his eyes away with an exasperated gesture, as if he held the boy somehow accountable. The boy stared, mournful, defeated ready to cry, and his father's head swung back unwillingly. Then abruptly he winked, mopped his head and neck, and grinned. "Think you want to go, uh?"

The boy nodded. "All right!" his father's voice snapped crisply. "Fly up in the pasture and get the team. Hustle!"

On the high lope the boy was off up the coulee bank. Just down under the lip of the swale, a quarter mile west, the bay backs of the horses and the black dot of the colt showed. Usually he ran circumspectly across that pasture, because of the cactus, but now he flew. With shoes it was all right, and even without shoes he would have run—across burnouts, over stretches so undermined with gopher holes, that sometimes he broke through to the ankle, staggering. Skimming over patches of cactus, soaring over a badger hole, plunging down into the coulee and up the other side,he ran as if bears were after him. The black colt, spotting him, hoisted his tail and took off in a spectacular, stiff-legged sprint across the flats, but the bays merely lifted their heads to watch him. He slowed, came up walking, laid a hand on the mare's neck and untied the looped halter rope. She stood for him while he scrambled and wriggled and kicked his way to her back, and then they were off, the mare in an easy lope, the gelding trotting after, the colt stopping his wild showoff career and wobbling hastily and ignominiously after his departing mother.

They pulled up before the Ford, the boy sliding off to throw the halter rope to his father. "Shall I get the harness?" he said, and before anyone could answer he was off running, to come back lugging one heavy harness, tugs trailing little furrows in the damp bare earth. He dropped it, turned to run again, his breath laboring in his lungs. "I'll get the other' n," he said.

With a short, almost incredulous laugh his father looked at his mother and shook his head before he threw the harness on the mare. When the second one came he laid it over the gelding, pushed against the heavy shoulder to get the horse into place. The gelding resisted, pranced a little, got a curse and a crack with the rope across his nose, jerked back and trembled and lifted his feet nervously, and set one shod hood on his owner's instep. The father, unstrung by the hurry and the heat and the labor and the exasperation of a morning when nothing went right, kicked the horse savagely in the belly. "Get in there, you damned big blundering ox! Back! Back, you bastard! Whoa! Whoa, now!"

With a heavy rope for a towline he hitched the now-skittish team to the axle. Without a word he stooped and lifted the boy to the mare's back. "All right," he said, and his face relaxed in a quick grin. "This is where we start her. Ride' em around in a circle, not too fast."

Then he climbed into the Ford, turned on the switch to magneto, fussed with the levers. " Let her go!" he said.

The boy kicked the mare ahead, twisting as he rode to watch the Ford heave forward as a tired, heavy man heaves to his feet, begin rolling after him, lurching on the uneven ground, jerking and kicking and making growling noises when his father let the emergency brake off and put it in gear. The horses settled as the added pull came on them, flattened into their collars, swung in a circle, bumped each other, skittered. The mare reared, and the boy shut his eyes and clung. When he came down, her leg was entangled in the towline and his father was climbing cursing out of the Ford to straighten it out. His father was mad again, and yelled at him, "Keep'em apart! There ain't any tongue. You got to keep Dick kicked over on his own side."

And again the start, the flattening into the collars, the snapping tight of the tugs under his legs. This time it went smoothly, the Ford galloped after the team in lumbering, plunging jerks. The mare's eyes rolled white, and she broke into a trot, pulling the gelding after her. Desperately the boy clung to the knotted and shortened reins, his ears alert for the grumble of the Ford starting behind him. The pup ran beside the team yapping in a high, falsetto, idiot monotone, crazy with excitement.

They made three complete circles of the back yard between house and chicken coop before the boy looked back again. "Won't she start?" he shouted. He saw his father rigid behind the wheel, heard his ripping burst of swearwords, saw him bend and glare down into the mysterious innards of the engine through the pulled-up floorboard. Guiding the car with one hand, he fumbled down below, one glaring eye just visible over the cowl.

"Shall I stop?" the boy shouted. Excitement and near-despair made his voice a tearful scream.

But his father's wild arm waved him on. "Go on! Go on! Gallop'em! Pull the guts out of this thing. Run' em, run' em!"

And the galloping—the furious, mud-flinging, rolling-eyed galloping around the circle already rutted like a road, the Ford, now in savagely held low, growling and surging and plowing behind; the mad yapping of the dog, the erratic scared bursts of runaway from the colt, the mother in sight briefly for a quarter of each circle, her hands to her mouth and her eyes hurt, and behind him in the Ford his father in a strangling rage, yelling him on, his lips back over his teeth and his face purple.

Until finally they stopped, the horses blown, the boy white and tearful and still, the father dangerous with unexpended wrath. The boy slipped off, his lip bitten between his teeth, not crying now but ready to at any moment, the corners of his eyes prickling with it, and his teeth tight on his misery. His father climbed over the side of the car and stood looking.

Shoulders sagging, tears trembling to fall, his jaw aching with the need to cry, the boy started toward his mother. As he came near his father he looked up, their eyes met, and he saw his father's blank with impotent rage. Dull hopelessness swallowed him. Not any of it, his mind said. Not even any of it—no parade, no ball game, no band, no fireworks. No lemonade or ice cream or paper horns or firecrackers. No close sight of the mountains that throughout every summer called like a legend from his horizon. No trip, no adventure—none of it, nothing.

Everything he was feeling was in that one still look. In spite of him his lip trembled, and he choked off a sob, his eyes on his father's face, on the brows pulled down and the eyes narrowing.

"Well, don't blubber!" his father shouted at him. "Don't stand there looking at me as if it was me that was keeping you from your picnic!"

"I can't—help it," the boy said, and with a kind of terror he felt the grief swelling up, overwhelming him, driving the voice out of him in a wail. Through the blur of his crying he saw the convulsive tightening of his father's face, and then all the fury of a maddening morning concentrated itself in a swift backhand blow that knocked the boy staggering.

He bawled aloud, from pain, from surprise, from outrage, from pure desolation, and ran to bury his face in his mother's skirts. From that muffled sanctuary he heard her angry voice. "No," she said. "It won't do any good to try to make up to him now. Go on away somewhere till he gets over it."

She rocked him against her, but the voice she had for his father was bitter with anger. "As if he wasn't hurt enough already!" she said.

He heard the heavy, quick footsteps going away, and for a long time he lay crying into the voile flowers. And when he had cried himself out, and had listened apathetically to his mother's soothing promises that they would go in the first chance they got, go to the mountains, have a picnic under some waterfall, maybe be able to find a ball game going on in town, some Saturday—when he had listened and become quiet, wanting to believe it but not believing it at all, he went inside to take off his good clothes and his shoes and put on his old overalls again.

It was almost noon when he came out to stand in the front yard looking southward the impossible land where the Mountains of the Moon lifted above the plains, and where, in the town at the foot of the peaks, crows would now be eating picnic lunch, drinking pop, getting ready to go out to the ball field and watch heroes in real uniforms play ball. The band would be braying now from a bunting-wrapped stand, Kids would be tossing firecrackers, playing in a cool grove...

In the still heat his face went sorrowful and defeated, and his eyes searched the horizon for the telltale watermark. But there was nothing but waves of heat crawling and lifting like invisible flames; the horizon was a blurred and writhing flatness where earth and sky met in an indistinct band of haze. This morning two strides would have taken him there; now it was gone.

Looking down, he saw at his feet the clean footprint that he had made in the early morning. Aimlessly he put his right foot down and pressed. The mud was drying, but in a low place he found a spot that would still take an imprint. Very carefully, as if he were performing some ritual for his life, he went around, stepping and leaning, stepping and leaning, until he had a circle six feet in diameter of delicately exact footprints, straight edge and curving instep and the five round dots of toes.

版权声明

　　《小说：生活的透镜》《致一位年轻作者》《向所有不合时宜的语言说再见》选自《One Way to Spell Man》。其中《小说：生活的透镜》首次发表于《星期六评论》，已获得华莱士·斯泰格那本人的授权。

　　《关于创意写作的教学》由爱德华·康纳利·拉瑟姆编辑，达特茅斯学院，蒙特马利基金会，1988 年出版，版权归属于华莱士·斯泰格那。这篇文章是由华莱士·斯泰格那于 1980 年 6 月至 7 月，作为蒙特马利基金会会员在达特茅斯学院居住时，与杰伊 L. 帕瑞尼教授、A.B. 鲍尔森及客座作家伊斯米尔·里德共同讨论的记录稿整理、延伸而成的。

　　《〈进城去〉——一个实例》选自《The Big Rock Candy Mountain》，首次发表于《大西洋月刊》，已获得兰登书屋旗下双日出版公司授权。

　　本书中的其他作品均由华莱士·斯泰格那创作。

图书在版编目（CIP）数据

斯坦福大学写作课/（美）华莱士·斯泰格那著；
杨轲译 . -- 郑州：大象出版社，2021.6
　ISBN 978-7-5711-0816-8

　Ⅰ . ①斯… Ⅱ . ①华… ②杨… Ⅲ . ①写作学 Ⅳ .
① H05

中国版本图书馆 CIP 数据核字 (2021) 第 045611 号

斯坦福大学写作课

SITANFU DAXUE XIEZUOKE

[美] 华莱士·斯泰格那　著
杨轲　译

出 版 人	汪林中
责任编辑	王 冰
责任校对	张迎娟
美术编辑	杜晓燕
书籍设计	BIANCO TSAI

出版发行　大象出版社（郑州市郑东新区祥盛街 27 号　邮政编码 450016 ）
　　　　　发行科　0371-63863551　总编室 0371-65597936

网　　址	www.daxiang.cn
印　　刷	北京盛通印刷股份有限公司　电话：010-67887676-816
经　　销	全国新华书店
开　　本	889mm×1194mm　1/32
印　　张	5.25
版　　次	2021 年 6 月第 1 版　2021 年 6 月第 1 次印刷
定　　价	42.00 元

若发现印、装质量问题，影响阅读，请与承印厂联系调换。